U1076203

走出思想的边界

knowledge-power
读行者

灵魂与心

錢穆 作品

岳麓書社·长沙 博集天卷 CS-BOOKY

图书在版编目（CIP）数据

灵魂与心 / 钱穆著 . -- 长沙：岳麓书社，2020.9（2025.7 重印）
ISBN 978-7-5538-1346-2

Ⅰ . ①灵… Ⅱ . ①钱… Ⅲ . ①哲学－研究－中国
Ⅳ . ① B2

中国版本图书馆 CIP 数据核字（2020）第 123920 号

LINGHUN YU XIN
灵魂与心

著　　者：钱　穆
责任编辑：丁　利
监　　制：秦　青
特约编辑：列　夫
版权支持：辛　艳　张雪珂
营销支持：kk
封面设计：姜　姜
版式设计：李　洁
内文排版：谢　彬
岳麓书社出版
地址：湖南省长沙市爱民路 47 号
直销电话：0731-88804152　88885616
邮编：410006
2020 年 9 月第 1 版　2025 年 7 月第 2 次印刷
开本：875×1230　1/32
印张：6.75
字数：130 千字
书号：ISBN 978-7-5538-1346-2
定价：42.00 元
承印：三河市鑫金马印装有限公司

若有质量问题，请致电质量监督电话：010-59096394
团购电话：010-59320018

自 序

余生乡村间，聚族而居。一村当近百家，皆同姓同族。婚丧喜庆，必相会合，而丧葬尤严重，老幼毕集。岁时祭祀祠堂坟墓，为人生一大场合。长老传述祖先故事，又有各家非常奇怪之事，夏夜乘凉，冬晨曝阳，述说弗衰。遂若鬼世界与人世界，紧密相系，不可相割。及长，稍窥书籍，乃知古先圣哲遗言旧训，若与我童年所闻，绝非一事。中心滋疑，怀不能释。

年事益长，见闻益广，又知西方宗教、哲学、科学，其论宇宙人生，皆与我夙所存想不同。人生有此一大问题，乃知非我浅陋愚昧所能解决。语之人，资为谈助，可以历时移辰不倦不休，然亦不能引人对此作深切之研究。余既不信教，亦不通科学、哲学，则亦惟有安于其浅陋愚昧而止。

偶亦返于自幼所读旧籍，于中国古先圣哲遗言旧训，时觉咀嚼不尽，其味无穷。其于解决此宇宙人生大问题，是否确当，余不敢言。

然于余之浅陋愚昧，奉以终生，时加寻绎，乃若有一轨途，可以使余矻矻孳孳而不倦。偶有感触，于此问题，乃亦时有撰述。非敢谓于此宇宙人生之奇秘有所解答，实亦聊抒余心之所存想而止。

最近又偶有所感，随笔抒写，忽得五篇，而余年亦已八十有一矣。因回检旧稿所存，最先当起于民国三十一年，余年四十八，有一题，题名《论古代对于鬼魂及葬祭之观念》。其时余新丧母，又道途远隔，未能亲奉葬祭之礼，乃涉笔偶及于此，距今已三十四年矣。此下递有撰述，汇而存之。虽各篇所见，容有不同，而大体则一贯相承。虽措辞容有重复，然要之可以各自成篇。一依其旧，亦见余个人对此问题历年存想累积之真相。亦有自己学问稍有长进，于旧时见解略有改定，然对此大问题之大观点，则三十四年实无大改进。浅陋愚昧，则亦惟此而止矣。

今汇刊此编，而名其书曰《灵魂与心》，是亦编中一篇名，成稿于民国三十四年，距今亦适三十年矣。因编中所论，皆与灵魂与心有关。人有灵魂与否，至今不可知。然人各有心，则各自反躬抚膺而可知。孔子曰："知之为知之，不知为不知，是知也。"读斯编者，各就所知，是亦可以相悦而解，固不必相寻于荒漠无何有之乡也。是为序。

一九七五年春植树节后三日钱穆识于台北 士林 外双溪之素书楼，时年八十有一。

目　录

灵魂与心

一

我常想要东西双方人相互了解其对方之文化，应该把东西双方的思想体系，先作几个清晰的比较。这一种比较，应该特别注重他们的相异处，而其相同之点则不妨稍缓。又应该从粗大基本处着眼，从其来源较远、牵涉较广处下手，而专门精细的节目，则不妨暂时搁置。如此始可理出一头绪，作为进一步探讨之预备。本文即为此尝试而作。

在古代希腊人思想里，“灵魂”一观念，显占重要地位。毕太哥拉最注重的理论，便是一种轮回不朽说，他认为有一个灵魂可从此体转移而至彼体。直到柏拉图，亦有他的灵魂先在不朽论与后在不朽论，他亦认为一人之灵魂，可以有他的前生与来生。此亦依然是一种灵魂不灭的想像。与灵魂相对立者为“肉体”。肉体终归变灭，无法永生，而灵魂可以不朽。从此便引申出“感官”与“理性”之对立。感官属于肉体，理性本诸灵魂。从感官所接触到的世界，是一种物质世界，而理性所接触的世界，则是精神世界。由灵、肉对立又引申而有“精神”“物质”两世界之对立。这种二元世界观，实从二元的人生观而来。所谓二元的人生观，即认在肉体生命以外，另有一个灵魂生命。这一思想，开始甚早，似乎并不在希腊本土，而实在希腊的东方殖民地产生。这一思想开始便似带有东方色彩。**（此处所谓东方，只指西方系统中之东方，最远及于印度，与本文主要之东方指中国而言者不同。）**希腊与印度同属雅利安族，他们双方对于灵魂观与世界观，均有好许相似处，此等定有他更古同一的来源。

这一种人生与世界的二元观，影响到希腊本土哲学。柏拉图的观念论，便从“现象”与“本体”之二元对立的观念下发展而来。希腊人虽是一种现世爱好的民族，但在柏拉图学说里面，已染有弃世寡欲的精神极为浓重。他深觉到在这个世界之外，应该另有一个世界，为此世界之本。如此则对现世界生活，到底免不了要抱消极态度。而在此世界中，物质与精神亦到底融不成一片，不免要永远有冲突。此后新柏拉图主义，便专从柏拉图学说中神秘的与禁欲的方面扩展。这种宇宙上的二元观，寻其根柢，还在人生之二元观。所以普罗太奴，新柏拉图主义者的代表，以有此身体为大辱，他说灵魂正为着身体之罪恶而在哭泣。此种灵、肉对立，理性与感官冲突的感觉，在斯多噶派的学说里更为显著。斯多噶派“理性”与“反理性”之区分，即等于柏拉图“超感觉”与“感觉”之区分。同样将人之理性与感觉划分，肉体人格之外，另有精神人格。伦理上之二元观，早为基督教宗教上之二元观导其先路。基督教之灵魂观念，同样是东方色彩，同样是灵、肉对立的二元观，因此可与毕太哥拉派、柏拉图、斯多噶派相融洽。从希腊思想转至基督教，其接榫处只在此。

二

自从基督教在西方宣扬开以后，西方人对于世界的二重观念，更为清澈鲜明。奥古斯丁的神之城，只在天上，不在地上。人生之终极，灵魂之救度，精神世界之重视，均为西方中古时代之特殊表征。这一趋势，直要到文艺复兴时期始有转变。文艺复兴，外面看是从基督教转返希腊，里面看则是从灵魂转返肉体，从天上转归地上，从精神观念转归到自然现象。自此以下的西方思想，似乎“灵魂”的地位逐渐降低，“心”的地位逐渐提高，西方思想界另有一番新生气。这或许是北欧新民族一种特殊精神之表现。但因思想传统沿袭已久，此下的思想路径，似乎仍摆脱不掉已往的旧轨辙。

关于心的重要地位，其实在奥古斯丁的理论中已见端倪，不过到文艺复兴以后，更有进展。奥古斯丁虽知看重个人内心的地位，他还是说，在神的真理面前，人之内心仍只有被动。人心只是次要的，神才是主要，人的灵魂才是主要。中世以后的哲学家，渐渐认为人的心智可以自寻真理，而不在神的面前被动了。但大体论之，此下的哲学问题，仍然沿袭以前的旧路径。在人心方面，依然是取感觉与理性对立的看法。从感觉认识外界的便成了经验主义，从理性认识外界的便成了理性主义。在英国自罗吉培根以下，大体都算是经验主义。而大陆学者如笛卡儿、斯宾诺沙、来勃尼兹等，则为理性主义。理性主义派依然喜欢讲神，也一样要讲灵魂，也依然要走入二元的世界观。此种理论，依然不离中世纪经院哲学之旧倾向，依然带有古代神与灵魂之旧信念。既然仍不能不归极于此渺茫无稽的神与灵魂，则依赖理性与智识，有时尚不如依赖信仰转为直捷。因此理性派的学者，到底只成了一种折衷主义。折衷主义本由怀疑而来，终必仍归到怀疑而去，折衷是一种不彻底、不到家的办法。然而如英国 洛克、勃克莱、休谟一派的怀疑论，只靠经验实证，只认现象世界为真实，只在肉体感官上装置人生，全部人生只根据在各自的感觉上。因为故意要把灵魂观念排斥，遂致把人心的境界和功能也看得狭窄了。人心只是一个感受外界印象的机关，全部人生亦只是些印象与感觉。这一种人生观，实为大部分人类心理所不愿接受。接受了这一种观念，则人生太无意味。

在英国思想界，常有一种奇异的结合。一方面可以抱彻底的唯物见解，但同时对宗教的传统信仰与习惯犹能依然尊敬恪守，如牛顿即其一例。然此种极端的唯物论与宗教精神之结合，只可说是英吉利土壤之特殊产物，非其他民族所能追随。因此英吉利思想可以安于经验主义与幸福主义的圈套里，而其他民族则仍不能不另寻出路。于是有近代的德国哲学。康德从休谟而起，其事正如古希腊哲人思想之后来了苏格拉底与柏拉图。普通的概念与特殊的经验之关系，此问题乃苏格拉底以后希腊哲学上之中心问题。近代德国学派，亦依然要在英国派专重经验与感觉的上面安放一个共同的范畴。

英、德思想之对立，大体犹如中古时期唯名论与实在论之对立，依然是西方思想系统上一个旧裂痕。康德思想并不能彻底消融西方思想界由来已久之对立形势，先在的我（**即“灵魂”**）并不能为经验的我所实验，但他却能约束经验的我；这依然带些理性派的神秘。康德哲学依然沿着西方感官界与理性界对立之旧传统，依然不能不有现象界与精神界之对立。因此从康德而起的，如费希脱之我与非我论，黑格尔之精神世界之发展论，大体说来，他们虽都想在唯心论的系统下求到世界之统一性，但到底还是摆脱不掉从来已久的思想界上之二元对立。这是从“心”的方面讲。若转从“物”的方面讲，一样有走不通之苦。近代西方的物质论者对于力的迷信，成为十九世纪哲学思想之特征。其实物质论者与宗教哲学并无二致，仅以本质观念代替神的观念，以力的主宰代替上帝的主宰；所谓不同，如此而已。因此自然主宰说与宇宙神造观，机械论与目的论，一样成为西方二元哲学衍变中应有之两大网罗，使西方思想界不陷于此，即陷于彼，有求出不得之苦。

近代西方人常在外物的经验与内心的理性之对立中找不到妥当的出路，遂复转入生活意志一条路上去。此在德国，消极的如叔本华之幻想主义，积极的如尼采之超人主义，论其渊源，依然都以康德为出发点。叔本华对现世生活只想逃避，尼采则主张改造现世。他们的态度，显然都是极浓重的个人主义与现世主义者。个人主义与现世主义到底不能满足人类内心一种不朽与永生之要求。在英国方面则有达尔文。达尔文与尼采正可代表近代西方英、德精神之不同。他们的相同点，只在提高生活意志一方面。但意志的重要，在中世纪奥古斯丁亦复先已提到。意志亦如经验与理性一般，依然解决不了个人主义与二元哲学之苦闷。

三

上面我们把西方思想作一简单的概观。大抵西方人对世界始终不脱二元论的骨子，因此有所谓“精神世界”与“物质世界”或“本体界”与“现象界”等之分别。这一分别，求其最原始的根柢，应该是从灵魂、肉体分立的观念下衍变而来。西方人对人生始终不脱个人主义，因灵魂本带有个人性。西方的伦理思想，从希腊直到现在，大体以个人之快乐与福利为宗极。即论宗教教义，灵魂得救、天国幸福，依然是一种个人主义。西方思想是在个人主义下面产生了二元的冲突。灵魂与身体为个人之二元，因此有感觉与理性之对立。从感觉有经验，由此而接触物质现象世界。从理性有思辨，由此而接触精神本体世界。人生的要求，决不肯即安于此肉体感觉短促的一生而止。因此经验主义、唯觉主义、唯物论各派思想，虽可由此造成极精细的科学与哲学，但终不能指导人生，满足人类内心之要求。人生终极问题，决不能就此而止。因此西方思想常要在对立下求统一，在个我的不完全中求宇宙与大我之全体；常在肉体感官低下部分之要求与满足下求解放，而追向灵魂理性高尚部分之体会与发展。

然而在此处，理智的力量终嫌不够。在西方思想里，关于伦理一方面的成绩，最先使人感到脆薄，最不易满足人类内心这一部分之要求。于是因伦理思想上之失却领导权而使西方人不得不转入宗教。宗教在以信仰代替思辨。理性所不胜任的，只有付之信仰，以求暂时之安宁。但宗教愈走愈远，则信仰与理性及经验都要发生冲突。近代西方，遂不得不又从信仰转到意志。然而意志是否自由？若意志有自由，则此意志属于个人抑属全体？由此而下，依然是在个人主义与二元论之圈子内，依然没有痛快解决。

这一个简略的说法，根本在从东方人的思想系统来看西方而见其如此。我们若本此观点，再把东方思想系统之大体简略一说，则上面所论，自将更易明晰。我们一面要用东方思想来明白西方，同时亦要用西方思想来明白东方。两面并举，庶可两面均达到一更明白的境界。

四

古代的东方人，在遗传至今的《诗》《书》经典及其礼节仪文上看，东方人似乎早先亦有一种灵魂观念，信有死后之灵魂，却没有详细说到生前之灵魂。死后灵魂则似乎只是一种鬼的迷信而已。鬼是否永生不朽，在东方思想下，亦不甚肯定，亦看不到他们有“灵魂再世”及“轮回”等说法。在此方面，本文作者另有专论，此处不详说。此下所欲说者，则为东方思想开始脱离灵魂观念之时代及其此后之变化。

关于灵魂再世及轮回的说法，其背后实为透露了人类对自己生命要求永生及不朽之无可奈何的心理。此一要求，实为人类心理上一至深刻至普遍之要求。纵谓全部人生问题都由此要求出发，到此要求归宿，亦无不可。但对此问题之解决，则只有灵魂再世、轮回，或天国超升等几条路。若舍此诸端，试问人类肉体的短促生命，又从何处去获得不朽与永生？若人类生命根本只在此七尺肉体短促的百年之内，则人生之意义与价值究何在？此实为人生一最基本绝大问题。此文下面所拟提出者，即为东方人在很早时期早已舍弃灵魂观念而另寻吾人之永生与不朽。此一问题，实可以说是整个中国思想史里面一最重要的纲领。明白了这一义，才可明白中国思想之特殊精神与特殊贡献之所在。下面我们先把《左传》里鲁襄公二十四年关于“三不朽”的一番讨论略为说明。原文如下：

穆叔如晋，范宣子逆之，问焉曰：“古人有言曰‘死而不朽’，何谓也？”穆叔未对。宣子曰：“昔匄之祖，自虞以上为陶唐氏，在夏为御龙氏，在商为豕韦氏，在周为唐杜氏，晋主夏盟为范氏，其是之谓乎？”穆叔曰：“以豹所闻，此之为世禄，非不朽也。鲁有先大夫曰臧文仲，既没，其言立于世，其是之谓乎？豹闻之，太上有立德，其次有立功，其次有立言，虽久不废，此之谓不朽。若夫保姓受氏，以守宗祊，世不绝祀，无国无之，禄之大者，不可谓不朽。”

在这一段对话里，看出当时人对人生不朽有两个见解。一是家族传袭的世禄不朽，一是对社会上之立德、立功、立言的三不朽。这两个见解里，皆没有灵魂再世或超生的说法，可见中国人对灵魂观念在那时已不为一辈智识阶级所信守。因信人类有灵魂，遂牵连于在此世界以外的上帝及鬼神。但在中国 春秋时代，对天神观念皆已有极大解放，极大转变。关于这一方面的种种思想议论，载在《左传》者甚多，此处不拟详举。在此所欲讨论者，则为包涵在此两种不朽论后面之意义。

第一种是晋 范宣子所说的家世传袭的不朽。此一说虽为叔孙豹所看轻，但在中国社会上，此种意见流行极广极深，此后依然为一般人所接受、所赞同，只把范宣子当时的贵族意味取消了，而变成平民化。人生底不朽，由家族爵禄世袭，变到家族血统世袭。《孟子》书上便说到“不孝有三，无后为大”。“无后”便是打断了祖先以来不朽的连锁。可见春秋时代范宣子贵族家世的不朽说，到战国人手里已变成平民家世的不朽。只要血统传袭，儿女的生命里便保留了父母生命之传统，子孙的生命里便保留了祖先生命之传统。如此则无论何人，在此世界，皆有永生不朽之实在生命，不必以短促的百年为憾。

至其高一层的，自然是叔孙豹所说的三不朽。三不朽内许多详细理论，留下再说。此处只先指出，在中国人的看法，人不必有死后的灵魂存在，而人人可以有他的不朽。家世传袭，可说是一种普通水平的不朽。在此普通水平的不朽之上，更有一种较高较大的不朽，则为叔孙豹所说之三不朽。我们用这一个观点来和西方思想作比较，则西方人的不朽，在其死后到别一个世界去；中国人的不朽，则在他死后依然留在这一个世界内。这是双方很显著的一个相异点。

现在再进一步，所谓东方思想，死后依然想要留在这一个世界内，是如何样的留法。根据三不朽说，所谓立德、立功、立言，推其用意，只是人死之后，他的道德、事功、言论依然留在世上，便是不朽。所谓留在世上者，明白言之，则只是依然留在后世人的心里。东方人在人生观念上，一面舍弃了自己的“灵魂”，另一面却把握到别人的“心”来做补偿。人的生命，照东方人看法，似乎本来是应该反映在别人的心里而始有其价值的。故曰“士为知己者死，女为悦己者容”，“锺子期死，伯牙终身不复鼓琴”。若一个人独自孤零零在世上，绝不反映到他以外的别人底心中，此人虽生如死，除却吃饭穿衣一身饱暖的自我知觉以外，试问其人生尚有何种价值、何种意义之存在？反而言之，只要我们的一生，依然常在别人心中反映到，即使没有吃饭穿衣一身温饱之觉，其人生到底还是存在，还是有价值，有意义的。所以一人的生命，若反映不到别人的心里，则其人早已虽生如死。一人的生命若常是反映在别人的心里，则不啻虽死如生。立德、立功、立言之所以称为不朽，正因其常由生前之道德、功业、言论，而常常反映到别一时代人的心里去。

即如前举家世传统之不朽，后来儒家发挥光大，也看重在心的反映上。儒家论“祭义”，便是其明证。孔子说：“祭神如神在。吾不与祭，如不祭。”可见祭之所重，并不重在所祭者之确实存在与否，此即灵魂问题。灵魂之有其存在与否，早已为当时的中国人所淡漠。

祭之所重，只在临祭者心理上之一番反映。临祭者对于所祭者之心理上的一番反映，其事不啻为所祭者之一番复活。此层在《小戴礼记》中《祭义》等篇，发挥得十分透彻。我们在此可以说：西方人求他死后的灵魂在上帝心里得其永生与不朽，东方人则希望在其死后，他的生平事行思想留在他家属子孙或后代别人的心里而得不朽。这又是一个东西之异点。

五

上述叔孙豹与范宣子一段对话，代表了当时人的一种思想与见解。这一种思想与见解，直要到孔子手里才能组织圆成，而且又得到比叔孙豹与范宣子更进一步的发展。不朽与永生，本来是人类内心对其自己生命所共有之一种自然的要求与想望。现在既知道人的生命别无不朽，只有在别人的心里常常的反映到，便是真不朽。则期求不朽的，莫如希望别人的心常常的把我反映到、留念着。但到孔子手里，却把这一个期求，倒转来成为一种人生的义务与责任。所以《论语》上说："慎终追远，民德归厚矣。"《孝经》亦说显亲扬名是为孝道。这已不是父母祖先对其儿女子孙之一种希望与期求，而倒转来成为儿女子孙对其父母祖先之一种义务或责任。这一种义务或责任，依照孔子意见，也并非是从外强加的，而实为人心之自然内发的。如在婴孩少年，对着父母兄长便知孝弟。长大成人，其对人接物便知忠恕。孝弟忠恕都只是指的这一个心。此在《论语》里时时提及，又总而名之曰“仁”。仁便是人心之互相映照而几乎到达痛痒相关、休戚与共的境界。只以一人便可推知人人，只以一世便可推知世世。人人世世都把着这一个孝弟忠恕的心，即仁心，来互相映发，互相照顾。由是而有之一切，便是孔子理想中的所谓“道”。《论语》有子曰：“孝弟也者，其为仁之本欤，本立而道生。”孔子曰：“吾道一以贯之。”曾子曰：“夫子之道，忠恕而已矣。”又说：“忠恕违道不远。”可见儒家所谓道，只在人心孝弟忠恕上。孝弟忠恕便是仁，便是一种人类心之互相映发、互相照顾，而吾人之不朽永生即由此而得。故孔子又说：“朝闻道，夕死可矣。”人不闻道，便加不进这一个不朽与永生之大人生。你明白了这一个大人生之不朽的道理，那你小我的短促生命自可不足重轻了。中国人俗语常说“世道人心”，世道便由人心而立。把小我的生命融入大群世道中，便成不朽。而其机括，则全在人心之互相照映相互反应之中。我们可以说：世道人心，实在便已是中国人的一种宗教。无此宗教，将使中国人失却其生活之意义与价值，而立刻要感到人生之空虚。

在此又可举出一东西相异之点。西方人观念里，人生常在上帝的爱顾下活着；而东方观念里，则人生常在同时人乃至异代人的爱顾下活着。举例言之，父母常希望在儿女的孝心里活着。父母的生存意义，只在儿女的孝心里得其存在。若是儿女不孝，那人便譬如没有做了父母。推广言之，任何一人也只在大群的仁心与世道中有其存在。若举世尽是不仁无道，那一个人生在这样的世界里，便孤零零地尝不到人生真滋味。幸而人终有人心，儿女只要有人心，自能懂得孝道，此便是所谓仁。既有此仁，儿女自然知道对父母有孝心。儿女对父母之孝心，其实只是一个十足全尽的人与人间交互映发照射的一颗仁心而已。此心又可说是忠恕。孝弟忠恕便合成世界大道，便把人生之不朽与永生问题获得解决。

在孔子以后继起的是孟子。孟子曾说："仁，人心也。"又补出一个"性善"的学说来。性只指的"人心之所同然"处。此所谓人心之同然，有从本原方面说的，亦有从终极方面说的。只把人类彻头彻尾这一个有所同然之心名之曰"性"，而指说之曰"善"。性善亦便是仁，便是人心之相互映发、相互照顾处。故孟子又说："尽心知性，尽性知天。"一切宇宙人生，便都在此人类自身的心上安顿。从人心认识到性，再从人之心性认识到天。如此便由人生问题进入到宇宙问题，这里便已到达了西方哲学上所谓形而上学的境界。这是孔孟以下儒家思想之主要精神，可说是一种"人心一元论"。若用流俗语说之，可谓"良心一元论"。而其渊源，则自春秋以来已见。此番理论，有与西方思想一个重要的相异点，即在舍弃人的灵魂而直言心。舍弃灵魂，则便舍弃了人生之前世与来生，又舍弃了灵魂所从来与所归宿之另一世界。这便成为只就此现实世界，从人类心理上之本原的与终极的大同处来建立一切人生观与宇宙观。这是儒家思想的主要精神。

中国人这一种的人生观，如上所言，大体上可谓认定人生之意义与价值，即在于此现实世界上人与人间的心心相照印，即在于人心之交互映发，而因此得到一个本原的与终极的同然。此即所谓“性”。性之善即心之仁，而“心”则与“灵魂”不同。就其与身体之关系言，灵魂与肉体对立，在肉体未成长以前，灵魂早已存在。在肉体已破毁之后，灵魂依然存在。所以肉体与灵魂二者成为各自独立。至于心则常依随于肉体，依随肉体而发展成长，亦依随肉体而毁灭消失。所以在西方有灵、肉对立，在东方则不能有身、心对立。在西方可以有个人主义，在东方则不能有个人主义。个人主义之最后祈求为灵魂不灭，东方人则以心通心，重在人心之永生与不朽，决不能不打破个人观念之藩篱。在西方既系灵、肉对立，因此又有感官经验与理想思辨之对立，因此而有一个对立的世界观。在东方人则心、身不对立，理性思辨与感官经验亦不分疆对立。孔子之所谓人，便已兼包理性与情感，经验与思辨，而不能严格划分。因此东方人对世界亦并无本体界与现象界，或精神界与物质界之分。即现象中见本体，即物质上寓精神。因此东方思想里亦不能有西方哲学上之二元论。

从东方人的观点来看西方，则西方人之科学、哲学乃至宗教，虽是三个路径，发展成三个境界，而实由一个源头上流出，也依然在一个范围内存在。若从西方人的观点来看东方，则东方思想既非科学，又非哲学，亦非宗教，因为他是在别一道路上发展，与西方人的各自成了一个系统。

六

东方人虽无灵、肉对立的观念，但有所谓心、物对立。惟此所谓心、物对立，亦并不像西方哲学上唯心、唯物之比。孟子所谓“物交物则引之而已”的物、心对立，即是《小戴礼记》中《乐记篇》里的“天理”与“人欲”之对立。此天理人欲，亦非西方之灵魂肉体。天理只是人心之同然处，而人欲则知己而不知人，因私昧公，未达于人心之所同然，未能冲破小我肉体之封限而十足表现其人心相互映照交感之功用的一种境界。因此说“夫子之道忠恕而已矣”，“忠恕违道不远”，忠恕只是以己度人而到达人心之所同然。“己欲立而立人”，“己所不欲勿施于人”，由此推广，便可认识人心一元之大世界。故孟子曰“尽心知性”，《中庸》说“尽己之性可以尽人之性”，正为人心都有此同然处。

若称中国儒家思想为东方的唯心论，则道家思想庄 老一派，可以说是东方的唯物论。唯此所谓唯心、唯物，仍与西方的唯心、唯物不同。在东方虽有庄 老的唯物论，却仍不能与儒家唯心思想相抗衡。何以故？因儒家之所谓心，本从物中发展成长，本不与物相对立，因此儒家思想仍可吸收庄 老思想为己有，如《中庸》《易传》便是其例。故《中庸》既说“尽己之性以尽人之性”，又说“尽人之性以尽物之性”。如此一串说之，则心、物仍可打成一片。即在孟子已说“尽心知性，尽性知天”，由知心知性到达知天工夫，则已由人生界转入宇宙界。因此东方人思想是一种非个人主义之一元论，正可与西方人的个人主义之二元论恰恰相对。墨家明鬼尊天，似乎依然保留古代的灵魂观念，因此孟子斥其“无父”。因既主有灵魂，势必转成个人主义，势必与儒家现世人心一元（**此一元，孟子称之曰“本”。**）之理论相背驰。然此后墨家理论即不占东方思想之主要地位。

本文只在约略指出东方思想从春秋以下渐渐不主张或不看重灵魂的说法，而转到现实人心方面来，只求约略提出这一个趋势，以与西方思想注重灵魂观念者相对照。此处不拟再有详说。下面则约略把佛教流入中国以后的情形大概言之，以明中国思想界之流变。

七

佛教精神，大概论之，亦当归属于西方系统，近希腊而不近中国。虽则他的三世六道轮回之说，已经超脱了小我的灵魂观，但到底也是一种二元论，其主要目的也要引导人脱离此现实。在中国人观念里，可说只是一元的，只有这一个人世现实，因此没有真的出世观。道家神仙思想，严格说来，亦并非出世。一到佛教传入，魏 晋南北朝、隋 唐一段，中国人开始懂得出世，开始采用二元论的哲学观点，这是佛教在中国思想史上的真影响。此后宋 明儒学复兴，他们批评佛教，大致不外两点。一则反对出世，说是自私自利。此即斥其为个人主义。一则反对佛学上的二元论，如所谓体、用之别，真、幻之分等。此处岂不很显著的可以看出东西双方思想上之大界限？但佛家思想到底在中国思想史上有了不可磨灭的影响。此下宋 明儒虽反对佛家的二元论，而他们实际还是采用了许多佛家观点。如朱子论理、气，横渠论气质之性与义理之性，此皆近似有二元之嫌，历经明清诸儒之驳辨。

其实横渠、晦翁，皆求融道、释以归儒。缘古代儒家运思立论，皆偏重在人生界，而道家与释氏，则都偏重在宇宙界，都抱出世观。然人生总是在宇宙中，苟非有一番新宇宙论出现，则新人生论亦即无以确立。横渠、晦翁用心在此。如横渠云“为天地立心，为生民立命”，则天地竟成一无心的，亦如道家之言气与自然，与佛家之言虚无涅槃，要待人来为它立心。而朱子则言“天即理”。违背了理，即亦无天之存在。天只是第二级，理始是第一级。此等理论，皆是极大胆，极可惊。后人见惯听惯了，若觉平常。后来理学分成为陆 王“心即理”、程 朱“性即理”之两派。其实性即藏于心之内，离了心，又何从见性。这犹如说性必见于气质，脱离了气质，即无以见性。所以说性则必说气质之性，但又不能专言气质之性，必兼言及于义理之性。像似二元，但以一“性”字总摄之，则又决非是二元。此如朱子言理、气，理必附于气，但又不能专言气，故必理气分言，但又必理气合言。而理又是无造作，无运为的，一切运为造作皆在气。性属理，心属气，则一切运为造作皆属心。但若专言一心，不言外物，又不是。宋代理学家如周濂溪、张横渠及朱子，皆酌取道家、释氏来建立他们的一套新宇宙论，但仍皆能不背于孔 孟相传人心一元之大精神。而魏 晋以下迄于唐 五代思想界儒、释、道三足鼎立之旧形势至是乃一变，儒家独执思想界之牛耳，道、释退列下位，再不能与儒相抗衡；此则乃宋代理学家之功。

八

现在再说孟子论心，本只就心之作用、功能言，并不涉及所谓本体。孟子谓“孩提之童无不知爱其亲，及其长无不知敬其兄”，此种“无不知”，便是人心之同然。特举孩提言之，则指出此同然之心之发端，此心之原始同然处。此种人心之原始同然，只要推扩光大，则如火之始然，泉之始达，直到尧 舜圣人，便得了人心之终极同然。此即孟子所谓“理义”，亦即《论语》之所谓“道”。性只是人心之同然，或指其原始言，或举其终极言，原始与终极还是一贯，并非谓心自有一体别谓之性。此如泉之下达，火之引然，只是泉与火之原始同然以及终极同然，即泉与火之作用、功能之共有倾向，并非在泉的里面另有一本体专主下达，在火的里面另有一本体专主引然。人心之孝弟爱敬以及理义之极致，莫非人心之自然倾向或共有倾向，而非另有所谓心之体。程 朱一派主张“性即理”，似乎看性自有一体。陆 王一派主张“心即理”，亦若不免仍要看心自有一体。此处亦有一分辨。“体”“用”二字，古人未言，开始应在东汉 魏伯阳之《参同契》。此一观念一开始，后代亦即不得不加以承用。但如程伊川说“体用一源，显微无间”，则体用虽可分言，仍不害其只是一体。而且舍了用亦无以见体，没有体又那会有用。宋代理学家言义理，较之先秦，有些处更细密，更周到。虽多采酌了道、释，但仍只发挥了孔孟，还是在充实完成现实人心之一元观上努力；那是该仔细参详的。

或者又会疑及，告子言“生之谓性”，性即在生命中见，其言岂不直捷明白，孟子何以非之？但生命有其共同面，亦有其各别面。生命有其原始所由来，又有其终极所当往。生命是一现实，但同时亦即是一理想。若只说生命是性，则当下现前即是。人人得一生命，即是同时各得其性。有其同，不见其别。原其始，不要其终。只见有现实，不见有理想。孟子言犬牛与人同有生命，但其性各别。孟子言人性善，只说“人皆可以为尧 舜”，不曾说人人皆即是尧 舜，其间尚有许多曲折层次，遥远路程，须待努力。荀子著重在此曲折层次上，因说“人皆可以为禹”，却忽略了其终极同然之可能上，乃说人性是恶。这以较之孟子，便见其偏而不全。宋代理学家深得孟子意，故横渠说了气质之性，还要说义理之性。朱子说宇宙只是一气，更要说宇宙只是一理。唐代禅宗则说“即心即佛”，当下现前，便可立地成佛。当然学佛成佛，全仗一心，但抹杀了心与佛间种种曲折层次，有此心即可成佛，犹如告子说有此生命即得了性，所以宋儒说禅即是告子的路子了。陆象山自谓有得于孟子，他说：“我不识一字，亦将堂堂地做一人。”但从不识一字到堂堂地做人，其间亦有许多曲折层次。若忽略于此，亦便走上了告子路头。王阳明说：“见父自然知孝，见兄自然知弟。”但其江右一派弟子，却说“无现成良知”。泰州一派则说成“满街都是圣人，端茶童子亦是圣人”。但此端茶童子，只是尽心端茶，却不能说其知性知天。要能本末终始一以贯之，则当下现全，可以是此心，却又不是此心。是此生命，却又不是此生命。但又不是要撇去当下现前此心此生命来另寻一心一生命。此处可见中国传统文化、传统人生观之深厚圆到处，但却只由人当下现前去认取。此处即是现实人心之一元观。

九

现在再依次说到耶教。耶教入中国，已在明末清初，中国思想界横受异族入主政治权力之摧残而没出路的时候。照理论之，中国人应该可以接受耶教理想以为精神上之安慰；而事实并不如此。耶教入中国，首先遇到的难题，依然在这一个中国传统信仰的固有宗教上。耶教教义重在个人灵魂之得救，而中国传统观念，则早不看重灵魂，而只看重人心，尤重在人心之相互映照处。因此孝道在中国社会，实属根深柢固，而与耶教之灵魂观适成不可融和之冲突。所以耶教来中国已历三四百年，正值中国思想界极衰微无所归依的时候，而耶教势力终不能在中国社会上推行。

依据上述，在东方人的社会里，实在可以无宗教。东方思想里面实已有一种代替宗教之要点与功能，此即上论不朽之观念。此种观念，以儒家为代表。若要说东方人有宗教，宁可说是“儒教”而非佛教。儒教与佛、耶、回三教之不同处，大端有二：一则佛、耶、回三教皆主有灵魂（**佛教轮回说可谓是变相之灵魂**），而儒家则只认人类之心性（**或说良心**）而不讲灵魂。二则佛、耶、回三教皆于现世界以外另主有一世界。在此另一世界里，则有上帝天神或诸佛菩萨。儒家则只认此人类之现世界，不再认现实世界外之另一世界，而在此现实世界中之标准理想人物则为圣贤。惟此所谓现实世界，并非一小我身限之世界，亦非一百年时限之世界，乃推扩尽量于人生世界一个广大悠久的现实世界。故若以儒家思想为一宗教，则不妨称之为人生教，或人文教，或圣贤教，以别于佛、耶、回三宗之上帝教与佛菩萨教。又不妨称之为现世教，以别于佛、耶、回三宗之出世教。亦可称之为心性教（**或心教**），以别于佛、耶、回之灵魂教。故儒家思想，乃若熔铸了西方思想中之宗教与伦理为一体，而泯其分别之一种思想。在西方思想上，宗教与伦理终不合一。宗教为出世的，伦理则为现世的。宗教主出世，其着想在个人灵魂之超渡。伦理主现世，其目的亦为个人人生之福利与快乐。伦理宗教分而为二，遂皆不免为个人主义所罨罩。儒家思想既融宗教与伦理为一，不主出世，亦不取个人主义，可谓是于此人生世界求能推扩尽量以达于不朽与永生之一种境界。

十

惟就西方思想系统言之，因其有灵魂与肉体之对立，遂相因而有感官与理性之对立，由此遂生唯心、唯物之争，科学、哲学皆由此起。东方思想无此对立之形势，因此在东方思想界乃既无所谓科学，亦无所谓哲学。东方人对工艺、制造、医药、天算诸项实用科学方面，亦未尝无贡献，然因东方思想中并不认有一个纯粹分别独立之物界（**或物质界**）超然于人生之外，因此对之虽可有种种独特专门之研究，但不认其在外有此独特分别之存在。所谓正德、利用、厚生，一切仍在同一本源上。因此纯粹科学的观念，在东方不能尽量发展。至西方哲学，其先本与科学同源，欲为严格分辨，其事殊难。东方思想中既无纯粹科学，遂亦无纯粹哲学。盖西方以精神界与物质界对立，又以经验与理性对立。其纯从物质界与经验界思入者，则渐由哲学而成为科学。其纯从精神界与理性界思入者，则长为彼中之正统哲学，而颇与宗教相会通。东方思想系统中，更无理性与经验之严格分别，故纯思辨、纯经验之理论，为西方科学、哲学之本源者，在东方不能大盛。

东方思想既主心性，既重人生现实，故东方思想常与人生实际体验相辅而前。东方人主觉与明，所谓“先知觉后知，先觉觉后觉”，又曰“虽愚必明”。觉之与明，既非纯自感官经验，亦非纯自理性思辨，既非纯属物质界，亦非纯属精神界，乃自属于东方思想下之一种人生境界，亦即东方人所体会而得之一种人心功能。故西方科学、哲学之分道而驰，宗教与科学之极端冲突，在东方人观之，殊为奇事。即专就西方宗教与哲学言之，一专主思辨，一专尚信仰，在东方人视之，亦皆嫌其意境单薄，难成定谳。因东方思想乃就人生实际证会而来，较之纯信仰纯思辨者为更可靠。若西方人之伦理观念，既与宗教分立，率主现世个人之乐利，更为东方人所卑视，以为陈义浅俗，了无深趣。至西方人之纯科学理论，亦有在东方人眼中觉其穿凿太甚，割裂太碎，距离人生实际太远者。然以西方人目光回视东方人，则常见东方思想既无甚坚定之宗教信仰，又无甚深刻之纯科学、纯哲学之理论与思辨，遂若东方人一切平铺浮露，从未透入世界之深处。实则是东西两方各有系统，各有偏重，即亦各有短长；一时正无所用其轩轾。若双方能各自舍短求长，则西方科学思想物质驾驭方面之成绩，就其最近成绩言，已为东方之所未逮；而东方人之伦理观念、人生教训，亦为西方所不及。此后若能将东方人之人生教训与西方之科学训练融和配合，庶于人生福利前途有一更为光明之造就。草此文者殊于此不胜寄其人类文化前途深切之期望焉。

（此文作于民国三十四年。因抗日战争结束，出版社停顿，于三十六年一月复刊，载于是年二月《思想与时代》第四十二期。）

孔子与心教

人生最大问题，其实并不在“生”的问题，而实是“死”的问题。凡所谓人生哲学、人生观等，质言之，都不过要解答此一死的问题而已。若此问题不获解答，试问人生数十寒暑，如电光石火，瞬息即逝，其价值安在？其意义又安在？

人皆有死，而人心里皆有一个共同的倾向与要求，即如何而能不死、不朽，与永生是也。此种要求，不独人类有之，怀生畏死，即其他动物亦莫不皆然，而惟人类为最甚。人类为满足此种要求而有宗教之信仰。宗教信人有灵魂，可以脱离肉体而存在。现实人生限于肉体现世，空幻不实，变化无常；灵魂生活不限于肉体与现世，彼乃贯串去、来、今三世，永恒不灭，真常无变。不过，这种说法有两个缺点：一、与科学冲突；二、忽略了现实。

人生的又一个问题是“我”的问题。无我则人生问题无着落。所以人生问题扼要说，也可说是“我生”的问题。然因人类有我见，而使人类都不免有自封自限、自私自利的习性，因而人我之间不能不有隔阂、有激荡，遂不能不相分离、相冲突，由此而招致社会之不安。人类为防止此种不安，而有正义、自由与法律。自由属诸各人自我范围之内，正义则为人我自由之界限，法律则为维持正义、限制自由而设。在正义界限之内，人各享其自由。若有逾越，则受法律之裁制。西方社会的现世安宁，即借正义与法律的观念而维持。所以他们即在父子、夫妇、兄弟、朋友之间，亦有很明显的界限，有很清楚的法律。但我们禁不住要问：若人生相与，仅有此等正义、自由与法律，则人与人间全成隔膜，全成敌体，试问人生价值又何在，其意义又何在？再以何者来安慰此孤零破碎漠不相关的人生呢？

西方人在这一点上，还是乞灵于宗教。他们用宗教家灵魂出世之说来慰藉现世孤零的人心。他们把人生不朽的要求引到别一世界（天国）去。因此之故，他们特重牧师与教堂。而在现世里则以法律来维持秩序，处理纷争，因此他们又特重律师与法堂。我们可以这样说，西方的人生是两个世界的。来世的人生是宗教的，现世的人生是法律的。二者互相为用，他们的政治社会以及一切文明，都支撑在此上。

中国人则与此不同。中国社会不看重律师与牧师，亦不看重法堂与教堂。但中国人又如何解答此生死问题，以及人我问题的呢？欲知此事，当明孔子学说。

中国人也希望不朽，但中国人的不朽观念和西方的不同。《左传》里载叔孙豹之言，谓不朽有三：立德、立功、立言是也。此三种不朽都属于现世，仍都在人生现实社会里。可以说人生的不朽，仍在这个社会之内，而不在这个社会之外。因此中国人可以不信有灵魂，而仍获有人生之不朽。我之不朽既仍在这个社会里，则社会与我按实非二。孔子《论语》里所常提起的“仁”的境界，即由此建立。在仁的境界之内，人类一切自私自利之心不复存在，而人我问题亦牵连解决。人生并不是一个个小我隔膜敌对，各自孤立，而即在现社会里，把人生融凝成一体，则人生自不当以小我自由为终极。不讲小我自由，便不必争论为自由划界的正义。既不争论那个为你我自由划界的正义，则维持正义、判决此争论的法律，自更不为中国人观念所重。扩充至极，则中国社会可以不要法律，不要宗教，而另有其支撑点。中国社会之支撑点，在内为“仁”，而在外则为“礼”。

西方人的不朽在灵魂，故重上帝与天堂。中国人的不朽，不在小我死后之灵魂，而在小我生前之立德、立功、立言，使我之德、功、言，在我死后，依然存留在此社会、在此人群之中，故重现世与人群。两者相较，中国人的不朽观念，实较西方人的更着实，更具体，实在不能不说是一种更妥贴的观念。从事宗教生活者，必须求知上帝的意旨。求三不朽现世生命者，必须求知人群的意旨。我们不妨说，中国人的上帝即是人类大群。人能解脱小我私人的隔膜与封蔽，而通晓人类大群意志者，即可说他已经直接与上帝相通，已经进了天国。

此种内心境界，中国儒家即谓之“仁”。孟子说：“仁，人心也。”正指这一种心的境界而言。此所谓人，并不指一个个的小我与私人，而是指的人类大群。故此所谓人心者，乃指人类大群一种无隔阂、无封界、无彼我的共通心。到达此种心的境界则谓之仁。人到了仁的境界，则死生、彼我问题，均连带获得解决。西方人亦未尝不言心，但西方人所谓“心”，与“灵魂”离为两物。西方人所指的心，只指小我肉体之心之一种机能而言。中国人观念反是。中国人认为心即是仁。中国人看心，虽为人身肉体之一机能，而其境界则可以超乎肉体。西方人认超肉体者只有灵魂；中国人看心，则已包容西方人灵魂观念之一部分，而与西方人之所谓灵魂者自不同。中国人看心，可以超乎肉体而为两心之相通。如孝，即亲子间两心相通之一种境界也。子心能通知父心即为孝。耶稣《圣经》中说：“你依上帝的心来爱你的父母与兄弟。”是就西方宗教意义言，人只认自己的心可与上帝相通，却不认人我之间的心可以直接相通。人我之心之直接相通，此乃中国观念，即儒家之所谓仁。

若以生物进化的观点论之：自无生物进而为有生物，自植物进而为动物，又自动物进而为人。人与其他动物之差别点，即在人有人心。人心自不当与动物心同类并视。人心能超出个体小我之隔膜与封蔽而相通，此为人兽之分别点。此种着重在“心”的一边的看法，其实只为中国人的观念。西方人则认人兽之别在有灵魂与无灵魂。他们看心，为肉体的，人心、兽心大略相似，无甚差别。所以有人兽之大别者，则在人类有灵魂，而由此认识上帝，直接与上帝相通。由此之故，只待近世西方宗教观念渐渐淡薄，他们便不免要认为人与禽兽同一境界，同属自然。像中国人观念中之人心更高境界，实为西方人所不易领略，不易接受。同一理由，西方宗教中之“灵魂”观念，则又为中国人所不了。因此可以说，中国的人生观是“人心”本位的。此所谓人心，非仅指肉体心。肉体心，凡属动物皆有，而各不相通。故动物仅自知痛痒，哀乐不相关，相互间可以无同情。西方科学里的心理学，即以这类心态为研究题材，他们自称为是无灵魂的心理学。这一种心理学，因为他们既剔除了他们所谓“灵魂”的部分，当然研究不到人心之真实境界。西方人把人心一部分功能划归灵魂，而又认灵魂只与上帝相通；人与人之间，则须经过上帝意旨之一转手，而不能直接相通；因此对人心的认识实嫌不够。中国人所谓“心”，并不专指肉体心，并不封蔽在各各小我自体之内，而实存在于人与人之间，哀乐相关，痛痒相切。中国人称此种心为“道心”，以示别于“人心”。现在我们可以称此种心为“文化心”。所谓文化心者，因此种境界实由人类文化演进陶冶而成。亦可说人类文化，亦全由人类获有此种心而得发展演进。中国人最先明白发扬此意义者，则为孔子。

孔子讲人生，常是直指人心而言。由人心显而为世道，这是中国人传统的人生哲学，亦可说是中国人的宗教。当知科学智识虽可愈后愈进步，而人生基本教训则不必尽然。因人生大本大原只有这些子，这些子则可以历万世而不变。中国古人也信仰上帝鬼神，直到孔子，才把此等旧说舍弃，而专从人心这些子上立论。以后的中国人，遂常常讲“人心世道”，而不谈上帝。这实是中国思想之大进步。所谓人心，应着重“人”字看。所谓世道，应着重“世”字看。西方人看人心只如兽心，耶教教义认为人皆有罪，一切唯有听从上帝意旨，痛切忏悔，洗净自己的心，而改以上帝心为心，如是人类始可得救。西方人因此看不起人心，因而也看不起世道，而另要讲一种出世之道。迨到他们回过头来，想摆脱灵魂而单言人心，则又误把人心与兽心等类同视。既不看重人心与兽心之分别，故而又要陷世道于重大罪恶中。

我们可以说西方的宗教为上帝教，中国的宗教则为“人心教”或“良心教”。西方人做事每依靠上帝，中国人则凭诸良心。西方人以上帝意旨为出发点，中国人则以人类良心为出发点。西方人必须有教堂，教堂为训练人心与上帝接触相通之场所。中国人不必有教堂，而亦必须有一训练人心使其与大群接触相通之场所。此场所便是家庭。中国人乃以家庭培养其良心，如父慈、子孝、兄友、弟恭是也。故中国人的家庭，实即中国人的教堂。中国人并不以家庭教人自私自利，中国人实求以家庭教人大公无我。

孔子认为培养良心最直接的方法，莫过于教人孝弟。故有子曰：“孝弟也者，其为仁之本与。”再由孝弟扩充，由我之心而通人类之大群心，去其隔膜封蔽，而达于至公大通之谓圣。心之相通，必自孝始。孝是人与人两心相通之第一步。中国人的宗教，只限于人与人之间，并不再牵涉到人以外的上帝。因此中国宗教亦可说是一种人文教，或称文化教，并亦可称之孝的宗教。孝之外貌有礼，其内心则为仁，由此推扩则为整个的人心与世道。因此既有孔子，中国便可不需再有西方般的宗教。

孔子之后有墨子。墨子思想颇近西方的宗教。“兼爱”则如耶教之博爱，“天志”“明鬼”都是西方宗教的理论。然而墨子有一大缺点，他没有教堂以为训练人心上通天鬼之场所。他既没有宗教的组织和形式，所以只可说他是一个未成熟的宗教家。孔子则不然，他不从人生以外讲永生，孔子已避免了先民素朴的天鬼旧观念之束缚。子路问死，他说：“未知生，焉知死。”他直接以人生问题来解答人死问题，与其他宗教以人死问题来解答人生问题者绝不同。他看祭祀，不过是一种心灵的活动，亦可说是一种心灵的训练与实习。故他说：“祭如在，祭神如神在。吾不与祭，如不祭。”他只看重人心一种自能到达的理想的境界，而不再在人心以上补出一个天鬼的存在。他实在是超宗教的、进步的。惟孔子虽超宗教，而仍特设一个家庭为训练人心之场所。墨子不能超宗教，而又无他的特设的教堂为训练人心以供人神之接触而相通。这是孔 墨之相异点，亦即孔学之所以兴与墨学之所以废的大本原所在。

今再剀切言之：孔子的教训，实在已把握了人生的基本大原则，如孟子所谓“先得吾心之同然”是也。人生进于禽生与兽生，已不限于小我肉体的生命，而别有其心的生命。此种心，已不是专限于肉体的“生物心”，而渐已演进形成为彼我古今共同沟通的一种“文化心”。所谓人生，即在人类大群此种文化心之相互照映中。若只限于肉体的自然六尺之躯之衣食作息，此则与禽生、兽生复何区别？故各人的私生命，亦即存在于人类大群的公心中。所谓人生之不朽与永生，亦当在心的生命方面求之，即人类大群公心的不断生命中求之。此人类大群的公心，有其不断的生命者，即我上文所谓“文化心”是也。人的生命，能常留存在人类大群的公心中而永不消失，此即其人之不朽。肉体生命固无不朽，而离却人类大群之公心，亦无不朽可言。故知真实人生，应在大群人类之公心中觅取，决非自知自觉自封自蔽之小我私心，即限于自然肉体之心，便克代表人生之意义。必达到他人心中有我，始为我生之证。若他人心中无我，则我于何生？依照孔学论之，人生即在仁体中。人生之不朽，应在此仁体中不朽。人生之意义，即人人的心互在他人的心中存在之谓。永远存在于他人的心里，则其人即可谓不朽。孔子至今还存在人的心中，所以孔子至今还是不朽，还是生存于世。只因“人心之所同然”为孔子所先得，所以孔子能永生长在于人类的心中而历久不灭。若把此番理论来论耶教，则耶稣之所以永生不灭，也并不因为他是上帝的儿子，降生下来救此人群，实在因为他也已把握人心之同然，他也只永远存在于后世人群的心中而时时复活，永存不朽。所以耶教理论尽可与中国传统观念不同，而耶教精神，还是可以把中国传统精神来解释。然正因为观念不同，理论不同，因此形成了东西双方其他文化方面之种种相异点。正因为有孔子的心教存在于中国，遂形成了中国人之独特文化与独特的人生理论，与西方社会人生专赖法律、宗教的维系者不同。今日之世界，宗教信仰既渐淡，而法律效能亦渐薄；欲救斯弊，实有盛倡孔子心教之必要。

（民国三十二年四月《思想与时代》二十一期）

中国民族之宗教信仰

一

或疑中国民族乃一无宗教、无信仰之民族，是殊不然。中国自有其宗教，自有其信仰，特其宗教信仰之发展，亦别自有其蹊径。考之商代盘庚以来殷墟甲文，时人已信有上帝，能兴雨，能作旱，禾黍之有年无年，胥上帝之力。然有大可异者，上帝虽为降暵降雨之主宰，而商王室之祈雨祈年，则不向上帝而向其祖先。故甲文乃绝无上帝享祭之辞。盖当时人对上帝之观念，谓上帝虽操极大之权能，而不受世间之私请托与私祈求；故凡有吁请祈求于上帝者，乃必以其祖先为媒介。于此有相附而起者，即先祖配帝之说。此亦在甲文已有之。惟其一族之祖先，禀神明之德，殁而陟降在帝左右，夫而后下土群情，可资以上达。故周人之诗《大雅文王之什》言之，曰："殷之未丧师，克配上帝"，"文王在上，于昭于天"，"周虽旧邦，其命维新"。

盖昔日之天命在于殷，今日之天命在于周。于何征之？亦征之于在帝左右克配上帝者之移转。故配天之说，自殷历周，而周人之制则犹有可以详说者。《春秋公羊传》僖三十一年谓："天子祭天，侯祭土。"天子有方望之事，无所不通，诸侯则山川不在其封内者不祭。则惟天子可以有祭天之礼，而诸侯则否。何者？上帝既不受世间之私祈求、私吁请，而克配上帝者惟其一族之祖先，亦惟王者得禘其祖之所自出而以其祖配之。其次则为小宗，小宗五世而迁。祖迁于上，宗易于下。故鲁侯惟得祭周公，不得祭文王。配天者惟文王。既不得祭文王，则凡其所吁请祈求于上帝者皆为非礼，皆将为上帝所不享。故诸侯不祭始祖，即亦不当祭上帝。万物本乎天，人本乎祖。鲁人之祖与周人之祖一也，自天子以至于庶人，其同为有上帝之照临亦一也。然而惟天子得祭天，得以其意旨上达于天，而诸侯以下迄于庶人皆所不能。何者？上帝正直无私，其爱眷照顾者，乃人世之全体，乃社会之大群，固不当以小我个己之私吁请、私祈求干之。虽欲干之，上帝亦不之享。而为一国之元首者，则谓之"天子"，惟彼可以传人世大群之公意以达上帝之听闻。然使为天子者，而不以大群之意为意，而亦惟为私吁请私祈求焉，则上帝亦将不之顾，而彼遂失其天子之尊严。故曰："天命靡常。"又曰："皇矣上帝，临下有赫，监观四方，求民之瘼。"又曰："有命自天，命此文王。"又曰："天立厥配，受命既固"也。然则中国人古代传统之上帝观念，实乃一大群体之上帝，而非个己小我私人之上帝，昭昭明矣。

或疑祖先配帝，则上帝私于宗族；是亦不然。殷商之制，靡得而论矣。周人封建，虽广树同姓，然外戚如申、吕、齐、许，古国如杞、宋之类，与诸姬封土错列并峙者，亦复不少。天子祭天，而诸侯各得祭其封内之名山大川。上帝之下复有河岳诸神，正如天子之下复有诸侯。盖中国古代宗教，与政治合流。周初封建制度之基础，固建筑于宗法组织之上，而全部政治理论，则并不专为一姓一族之私。古人自有家、国、天下之三层观念，固不得率言其即以家族为天下也。

故中国古代宗教，有二大特点：一则政治与宗教平行合流，宗教着眼于大群全体，而不落于小我私祈求私吁请之范围，因此而遂得抟成大社会，建设大一统之国家。此可确证吾中国民族天赋政治才能之卓越。循此以下，中国宗教在社会上之功用乃永居于次一等之地位；而一切人事，亦永不失其为一种理性之发展。此其一也。中国宗教，既与政治合流，故其信仰之对象，并非绝对之一神，又非凌杂之多神，乃一种有组织有系统之诸神，或可谓之等级的诸神，而上以一神为之宗。今之论者，好尊欧 美，奉为一切之圭臬；以欧 美信耶教为一神，遂谓一神教乃高级宗教，而信奉多神者则属低级。就实论之，世界信一神教者，大宗凡三：曰犹太教，曰基督教，曰回教。之三派者，皆起于阿剌伯及其近境，皆沙漠地带之信仰也。沙漠景色单纯，故常驱使其居民为一种单纯之想像，而遂产生单纯之信仰。故一神教者，特为一种沙漠地带之产物。若希腊，若印度，论其文化，皆较阿剌伯区域为高，然因其地形与气候繁变，使其居民常觉外界之影响于我者乃为一种复多性而非单纯性，故其宗教信仰亦属多秘而非一神。然以希腊、印度较之中国，则复不同。何者？希腊、印度之多神，其间类无秩序之联系。又其神之性质，亦颇乏严肃之意象。故其宗教信仰常夹杂有离奇惝恍之神话。中国宗教因早与政治合流，故其神与神之间，乃亦秩然有序，肃然有制。既不如耶教、回教之单一而其不容忍性，亦不如印度、希腊神话之离奇而有散漫性。若以耶教、回教为偏理性的宗教，以印度、希腊神话为偏自然的宗教（**亦可谓之偏人事的宗教**），则中国宗教正是理性与自然之调和。盖既融洽于大陆自然地象之繁变，而又以一种理性的条理组织之，使自然界诸神亦自成一体系以相应于人事之凝结。此又中国古代宗教之特色二也。

然中国古代宗教，非无其缺点。盖既偏于人事，主为大群之凝结；又既与政治平行合流，而主于为有等级之体系；则其病往往易为在上者所把持操纵，若将使小我个人丧失其地位。大群之凝结，固将以小我个人为其基点。一切人事，扩而言其大，固以大群为极致；析而论其精，亦将以小我为核心。中国古代宗教，乃完全属之大群，而小我与上帝，将渐渐失其精神上活泼之交感。如此，则小我之生命日萎缩，而大群之团聚亦将失其凭借而终至于解消。有起而矫其失者为孔子。

二

孔门论学有二大干，曰“礼”，曰“仁”。礼即承袭古宗教一种有等衰有秩序之体系，而仁则为孔子之新创。盖即指人类内心之超乎小我个己之私而有以合于大群体之一种真情，亦可谓是一种群己融洽之本性的灵觉。人类惟此始可以泯群我之限，亦惟此始可以通天人之际。盖小己之生命有限，大群之生命无限。小己有限之生命谓之人，大群无限之生命谓之天。使人解脱小己有限生命之缠缚而融入此大群无限之生命者，莫如即以生命为证，而使之先有所晓悟。我之生命何自来，曰自父母。父母之生命何自来，曰自祖父母。循此而上，当知我之生命虽短促，而我生命之来源则甚悠久。然则我父我母之生命虽若短促，苟知我之生命即为我父我母之延续，则我父我母之生命并不短促。循此而下，我之生命虽若短促，而我之生命亦有其延续，则我之生命亦不短促。如是则小我有限之生命，即大群无限生命之一环。抑且生命不仅有其延续，而复有其展扩焉。我父我母之生命，不仅由我延续之，我之兄弟姊妹，莫不延续我父我母生命之一脉。循是上推下推，子孙百世，宗族衍昌，皆大群体无限生命之延续与展扩也。再寻究此大群体无限生命之延续与展扩之源头及其终极，则感其乃非小我有限生命之所能想像，于是而尊之为天行，神之为帝力。故中国古代之以祖配天，以宗庙祭祀为人事最大之典礼，为政治、宗教最高精神之所寄托而维系者，夫亦曰：惟此可以解脱小我有限生命之苦恼，而使之得融入大群无限生命之中，泯群己，通天人，使人生得其安慰，亦使人生得其希望。人之所赖于宗教与政治者，主要惟此则已。孔门之所谓仁，即吾人对此大群体无限生命之一种敏觉与灵感也。人类惟具此敏觉与灵感，乃可以证悟大群无限生命之真实性。换辞言之，所谓大群无限生命者，即此人类一点敏觉与灵感之所主宰，亦即以此一点敏觉与灵感为灵魂。否则父母生子，本为情欲。子之于母，如物寄瓶中，出即离矣。安见有所谓生命之延续，更安见有所谓生命之扩展？故孔子之所谓仁，实乃为古代政治宗教之着眼于大群体者赋以一真实之生命。中国旧训：礼，体也。仁，觉也。盖礼即象征此大群生命之体段，仁则代表此大群生命之感性。故曰："人而不仁，如礼何！人而不仁，如乐何！"此如人有血肉之躯，而感性全失，麻木不仁，则尸居余气，固无如此躯体何也。

人类生命之延续与扩展，必本于父母兄弟以为证，故孔门言仁，亦首重孝弟。孝弟即仁，亦即人类对其大群无限生命之一种敏觉与灵感。换辞言之，即人类对无限生命之一种自觉也。此无限生命之自觉，亦谓之"性"。故孝者，实人类之天性。何以谓之"性"？以其为大群无限生命之主宰与灵魂故，故不谓之心而谓之"性"。何以谓之"天性"？以大群无限生命之主宰与灵魂，不可以小我个己之文辞言说形容之，故不曰人性而曰天性。此种天性，对父母而发露谓之孝。此种发露，只感生命之无限，早已泯群我，通天人。虽由父母而流露，却非为父母而发。若以浅义喻之，人有耳，始有听，然人不为耳而听。人有目，始有视，然人不为目而视。人有口腹肠胃始有饥渴，然人不为口腹肠胃而饮食。粗以此为喻，人有父母始有孝，然人不为父母而孝。孝子之心，固已无小我与父母之隔阂。孝弟之心油然而生，将惟见自我生命之无限。固已超乎小我之上，其视父母之与小己，犹一体也。故曰，孝非为父母发。

儒家教孝，最重葬祭。夫父母既殁，葬之虽厚，祭之虽丰，亦复何为？然而不然者，盖惟此最足发明人类孝心之真义。故曰："祭神如神在，吾不与祭，如不祭。"然则所重在祭者内心之敏觉，而不在其所祭。故曰："未知生，焉知死。"若以局限于小我有限生命者论之，则所祭已死，其果有鬼神与否，其鬼神之果来享祭与否，皆不可知。然祭者则犹生。若以超出于小我有限之生命者论之，则此祭者内心一片无限生命之敏觉，固已通生死而一之。故父母生命之延续与否，于何证之？亦证之于孝子临葬临祭之一番敏觉与灵感。既知祭之所重在祭者不在所祭，则孝之所重，亦在孝者而不在所孝。义本一贯，例类易明。重在所祭，则信鬼神。重在所孝，则养口体。而儒家教孝之精义则不在此。故虽父母既殁，鬼神之有否不可知，而不害孝子之恪恭以祭。然则父母之存，其无间于父母之智愚慈顽，而为子者亦必恪恭以孝，其义一也。舜之于瞽瞍，周公之于文王，为之父母者虽异，而其所以为孝者则一。今之人乃移政事革命之理论唱“非孝”，而老子乃谓“六亲不和有孝慈，国家昏乱有忠臣”，则诚浅之乎其测忠孝矣。

自有孔子之教，而中国古宗教之地位乃益失其重要。何者？宗教起源，大率本于人类自感其生命之渺小，而意想有一大力者为之主宰。今孔门教仁教孝，人类渺小之生命，已融为大群无限之生命，其主宰即在自我方寸之灵觉。故既混群我，通天人，死生彼己一以贯之，则曰：“敬神鬼而远之。”又曰：“丘之祷久矣。”古代赫赫在上昭昭在旁之天鬼，自孔子仁教之义既昌，固可以退处于无足轻重之数。

亦自孔子之教，而中国古代政治之地位亦变易其重心。古者惟王者之祖得以配上帝，亦惟王者得以郊天而祀祖。大群体之生命操于天，大群体之意旨集中于王者。孔子之教则不然。孔子以仁济礼，仁、礼相协兼尽之谓“道”。《中庸》曰：“天命之谓性，率性之谓道，修道之谓教。”“道者不可须臾离。”《大学》曰：“自天子至于庶人，一是皆以修身为本。”政事不过道之一端。祭天虽属王者天子之事，然人人有父母，斯人人皆有孝。孟子曰：“尽心知性，尽性知天”，不必其祖之克配上帝，不必其身之必为王者，乃可有天之相格。而修明其道者，则常不在君而在师。故自孔门之仁孝言之，则天子至于庶人一也。自孔门之道言之，则政治之重不如教化。教化一本乎人心，故曰："忠恕违道不远。""夫子之道，忠恕而已矣。"忠恕亦大群无限生命之一种敏感也。道不可须臾离，十室之邑必有忠信，故人人皆为此大群无限生命之一环。修道之谓教，故阐明此大义者，其责任之重，乃远超于古者天子郊天祭祖之意义之上。然而孔门论学，仁礼相济，于发明人类心性之中，仍包有古代传统政治之精义。于是中国文化大统，乃常以教育居第一位，政治次之，宗教又次之，其事实大定于儒家之教义也。

三

今试以儒家教义与耶、佛两教相比，则有绝大不同者一端。孔子教义在即就人生本身求人生之安慰与希望；而耶、佛两教，皆在超脱人生以外而求人生之安慰与希望。此其所以为绝不同也。《新约》"当耶稣播道时，或告耶稣，其母及弟来，欲与耶稣言。耶稣云：'孰为吾母，孰为吾弟？'张手向其徒，曰：'凡遵行吾天父意旨者，皆即吾兄弟姊妹与吾母也。'"**（《马太》第十三章。）**耶稣又谓："我非为人世送和平来，特送一刀来。我将令子疏其父，女疏其母，媳疏其姑，而视其仇如家人。彼爱父母胜于爱我者，非吾徒也。"**（《马太》第十一章。）**耶稣又告其门徒及群众："汝等莫呼地上人为父，汝等仅有一父，即在天上之父是也。"**（《马太》第**

二十三章。）一门徒告耶稣，欲归葬其亲，耶稣曰："汝自随我，且俾死者自葬其死。"**（《马太》第八章。）**孔子闻皋鱼之泣，弟子之愿归养其亲者十三人，与耶稣之教适相反。儒家之教曰："汝归而求之，有余师"，耶稣则不欲其弟子爱其父母过于爱耶稣。儒家之教曰："反而求诸己"，耶稣则曰舍汝父母兄弟而从我，汝当遵行吾天父之意旨。故孔门之发展为教育，耶稣之训诫则成为宗教。

然又有不同者。孔子教义，重在人心之自启自悟，其归极则不许有小己之自私。曰仁曰礼，皆不为小己。曰孝弟曰忠恕，所以通天人，即所以泯群我。耶教则不主人心之能自启悟，故一切皆以上帝意旨为归。曰："为儿女者，当在上帝意下服从其父母。"**（《以弗所》第六章。）**又曰："为父母者勿怫其儿女，当就上帝之教诫抚育之。"**（《以弗所》第六章。）**就儒家而论，父慈子孝，人之天性，率性而行即为道。故儒家必言性善。就耶教论之，则人生本由罪恶谪罚，苟无上帝，举世失其光明。故父母之育子女，子女之事父母，皆不当自率己意，而以服从上帝为主。然儒家道性善，而仁孝忠恕莫非为群。耶稣言信仰，而赎罪得救各自为己。儒家教义之终极点，即在此人世大群之修齐治平，而以人类之性善为出发。耶教教义之终极点，不在此世，而在将来，不在大群之修齐治平，而在各人之赎罪得救，而以上帝之意旨为依归。故儒家教义必与政治相关涉，耶教则超乎政治而别成一宗教。

故耶稣言："在外邦人有尊为君王者治理之，有大臣操权管束之。然在汝等则不然。孰欲为大者，孰即是仆。孰欲为首者，孰即是隶。人子之来，不为役人，乃为役于人。"**（《马可》第十一章。）**就教义言，人人平等，人人各属于上帝，人人自向上帝祈祷忏悔以期赎罪而得救。中世纪以来之教会，乃依仿罗马政权之体统，于政治组织外，别自成一宗教团体之组织。罗马教皇与神圣罗马帝国之皇帝为当时欧陆同时并行之双重统治。然此非耶教真意。自宗教革命以还，罗马教皇之统治势力乃与神圣罗马帝国之政治组织先后解体。而新兴之民主国家，又向教会争夺其人民之教育权。盖耶教并不主于在现实世界为大群体之建立，故既忽视家族之恩情，又忽视政治之秩序。虽曰上帝博爱，而实以个人为骨干。故欧土宗教常与政治对峙，而教育又常屈居二者之下。中国则宗教常与政治交融，而教育又常尊临二者之上。此其不同之较然显著者。

若论佛教，虽其陈义视耶教有浅深之不同，然亦重个人之出世，亦与政治不相协，亦无意于为现世界建大群体。专就此一节论之，则正与耶教相似。

四

中国思想有与儒家鼎立者二宗，曰墨曰道。墨近耶，道近佛。

墨家亦主于现世界建大群体，然不探本心性而崇天志。既信天鬼，则死生为两界。又曰“尚同”，曰“兼爱”，抹杀个人以就群体，则群己为两界。又力斥古代传统之礼乐，使中国相传政治宗教相融洽相纽结之点亦为破弃，是仅将建立此大群体之基础筑于天鬼之冥漠。抑且崇天鬼而不尚出世，此盖欲超出古代传统政治及儒家思想之外，别建一现世界之大群体，而未得其真实之支撑点者。道家则不然，儒、墨皆求于现世界建大群，道家则主破毁群体以就小我，求于大群中解放小我以就自然。故墨家尊天鬼以统领大群，道家尚自然以收摄小我，二者实处相反之两端。而自有其共通之点，则皆反对儒家之所谓礼。儒家之礼，乃古代宗教、政治之所由绾合，而为现世大群体之骨骼者。墨家尊天尚群而亦反礼，则无以自圆其说。故墨义之在中国，终湮沉而不显。道家不信天鬼，不尚群体，其反礼固宜。故中国当儒家思想消沉，政治组织腐败，现世大群解体，小我无所寄托，则必归于道家。

今再就三家对于古代传统宗教之态度言之。墨家尊天尚鬼，为极端之保守派。儒家通天人死生而为一，于上帝鬼神往往存而不论，为中立之温和派。道家则独于传统宗教为彻底之排击，对上帝鬼神之信仰，驳难辨诘，透切无遗，为极端之革命派。中国自有庄 老，而传统宗教之迷信，乃无存在之余地。然后世种种神仙方术、天皇上帝之说，乃终依附于庄 老，东汉以下别有所谓道教者，与孔子、释迦又成鼎足之三分。其事若不可解，其间盖有微妙之消息焉。前固言之，宗教之起，由于人类自感其生命之渺小，而意想有一大力者为之主宰。今诚使于现世界建大群体，使人有以泯群我，通生死，而此大群体无限生命之延续与展扩又由我为之核心，斯固无所憾其渺小，亦无事乎别求所谓主宰；此所以儒学既昌，而宗教信仰即退处于无权也。今若儒家思想消沉，则政治必腐败，群体必涣弛，于是小我皇皇如丧其家，则必厌群体而转向于自然；此所以乱世则庄 老思想必盛。然小我走向自然，终必感其生命之渺小。如人之丧其家，初得逆旅则安焉，稍久则不胜其怅惘之情，而皇皇之心又起。当其时，礼坏乐崩，仁义充塞，现世大群既不足为彼之慰藉与寄托。而赫赫在上昭昭在旁之上帝，又无以启其信。小我之彷徨，而又无所用其私吁请与私祈求，则自易折而入于方术之涂。盖其视宇宙，特不过万物之聚散乘除；物之相与，特各以其智力相驱驾，相役使。其自视不过为宇宙间之一物，其视鬼神也亦然，亦特为万物中之一物，故无所用其吁请祈求，而特以小我之私智力驱驾役使之。彼其化黄金，练奇药，劾召鬼神，一切方术，皆本于此。果由此演而益进，未尝不足为物质科学之先步。特中国文化大统，在为现世界建大群体。方其群体涣散而有庄老，庄 老之不足而有方术，而儒家思想亦往往能于大群涣散之际复振其精神。儒学复兴而政治重上轨道，大群体复建，而庄 老之光焰即熄。如是则方术虽常与礼乐相代兴，而如日出则烟雾消，其势每不久。此通观国史之演进，而自有以见其历历不爽者。

佛教之入中国，亦正值季汉大群体分裂之际，乃与庄 老方术同时并盛。庄 老变自然而为方术，其势为堕退。而佛教之在中国，其演进之姿态，乃有历级而升之象。方其初惟有小乘，继之则传大乘，又继之则台、贤、禅三宗俱起。此已当大唐盛运初启，佛学界骎骎自宗教折而进入于哲学，又自哲学进入于日常人生所谓反真还俗之境界。从此佛学彻底中国化，佛教思想乃不啻成为中国人求在现世建大群体之一支。而佛学之堕退而流入社会下层者，乃亦与道家方术异貌同情，常在乱世稍稍见其蔓延之迹。昧者不察，因遂谓中国民族无宗教，无信仰，而惟见一种迷信之弥漫于民间。此实未能窥见中国传统文化之真相。

五

今试再就中国社会之一般信仰，分别论之。中国人至今依然信仰有一“天”，有一上帝，为斯世最高无上之主宰。然中国人乃从不想像其小我个人与上帝有若父子之私关系，亦始终不向上帝作小我之私吁求、私请托。历代郊天之礼，依然由大群体之最高元首主之。中国人莫不尊崇孔子，奉为万世之师表，然中国读书人亦绝不向孔子作私祭享、私崇拜。中央政府乃至全国各行政区域，莫不有孔子庙，乃亦由中央元首与全国行政首领代表致祭，而士人亦参预其典礼。此实可说明中国传统宗教观念一特点也。中国人莫不各敬其祖先，坟墓祠堂之公祭，义庄义塾之公建，为一宗一族之经济教育谋共同之维系，为一宗一族之情感意象谋永久之团结，宗族之于大群，不啻其一细胞。然中国人虽各敬其祖先，中国人乃无不知其祖先在整个鬼神界之地位。犹中国人莫不知孝父母慈子女，然亦莫不知其父母子女在社会大群中之地位。中国人于祖先崇拜之外，又有地方神，即乡土神之敬祀。名山大川，环而处者，皆膜拜而致敬。都邑有城隍神，乡邑有社神，其邑人之生而立功德于社会者，死则各以其地位配享焉。然中国人亦莫不知凡此诸神在整个鬼神界之地位。此则犹如地方政府之与中央政府然。盖宗族观念与乡土观念之二者，实纵横交织以成此广深立方之大群体，实不啻如人身之有赤白两血球也。中国人于崇祖先及乡土神之外，又有职业神。如医药，如工匠，如优伶，亦莫不在其团体之内各有其崇奉。然彼辈亦各自知其所崇奉者之在整个鬼神界之地位，一行职业之在社会大群中，又不啻其一细胞。万物并育而不相害，道并行而不相悖。中国人乃以此种种凝合而建造一大群。中国人之崇祀多神，不知者谓其漫无统纪，然中国人实由此凝合人生于自然界，又凝合现社会于过去历史界，又自于人事中为种种凝合。凡中国人之所以能建造此凝结此历史地理为一广深立方体之大群，而绵延其博厚悠久之文化生命于不息者，胥可以于此种丰泛而有秩序之崇拜信仰中象征之。

故中国人之宗教信仰，乃无所谓不容忍性。凡异宗教之传入中国者，苟可以纳入此丰泛之崇拜而无害其组织之大体，中国人乃无不消融而并包之。此在古代，即如淮、汉、荆、越，滨海燕、齐诸区，其宗教信仰，约略可考见于西周乃及春秋 战国之际者，固与中原传统宗教有不同；然下逮秦 汉一统，此诸地域之宗教信仰，已莫不与中原传统宗教相吸收相融和。即如佛教之入中国，其先若与中国传统信仰不相洽；然循而久之，中国人对于诸佛菩萨之崇拜，乃亦成为中国原有丰泛崇拜之一部分。盖中国人不仅于信界有容忍，抑且于此丰泛崇拜中能为之调整，使鬼神界亦自相凝合而建造一大群体，一如中国人之现实人生焉。耶教惟信一神，即天父上帝，然同于此上帝信奉之下，乃各自分疆划界，互相排斥，甚至于流血屠杀。宗教惨剧，遍演于耶教之诸邦，历数百年之久而不能弭。此为中国人所不能想像。然如中国崇奉杂多之诸神，而能不相冲突，各各安和，历数千年之久而不起争端，亦为虔信一神上帝者所不能理解也。

逮于社会群体解剥堕地，则诸神之信仰亦失其统宗。其时也，上帝山川，圣贤百神，乃至于各宗族之祖先，亦皆丧失其在鬼神界各自原有之地位，不复足以维系人心而识诫鼓舞之。于是而有淫祀，则有邪神焉，有妖狐焉，有毒蛇焉，莫不肆行无忌，擅作威福。举世之人心，莫不迷惘错乱，各求谄媚攀结以仰鼻息于邪神恶鬼妖狐毒蛇之喜怒。人类不胜其私吁求私请托，而鬼神界之乖戾惶惑乃一如人世。其甚者，莫不自谓彼之所信奉足以推倒一切而独尊，于是如黄巾，如白莲，如天父天兄，愚民蜂屯蚁聚以奔凑于其号召而大乱作。然而上帝山川圣贤百神万姓祖先之大群体，其广博之组织，其悠久之传统，终有以胜此私信小术之披猖。邪不胜正，恶不敌善，宗教信仰之秩序，乃亦与人世治安，同其恢复之迅疾。然当天宇之乍澄，而阴蔀积霾犹未尽扫，则此等淫祀之遗迹，犹时时可见于社会之下层。有时则邪神恶鬼妖狐毒蛇之类，乃亦偷生幸存于上帝山川圣贤百神万姓祖先阳光不照之域，以重待他日之潜滋而暗长。惟在当时之人心，则亦未尝不知此等邪神恶鬼妖狐毒蛇在整个鬼神界之地位。特以一时之穷而无告，或不胜其私吁求私请托之小愿，而姑一试之焉。其不足以再蛊惑一世之人心而摇撼大群体之基础，则亦可置于不足深论之列也。

六

由上论之，中国儒家之言礼乐，就广义言，固不仅为人生教育之一端，实兼举政治、宗教而一以贯之矣。凡使小我融入于大群，使现世融入于过去与未来，使人生融入于自然，凡此层层融入，俾人类得以建造一现世界大群体之文化生命者，还以小我一心之敏感灵觉操其机，而其事乃胥赖于礼乐。凡所以象征此文化生命之群体，而以昭示于小我，使有以激发其内心之敏感灵觉者，皆礼也。诚使小我得融入此文化生命之大群体而不啻觌面亲睹焉，则彼将自感其生命之无限，而内心不胜其和怡悦怿，而蹈拜之、歌颂之者，皆乐也。故礼乐乃太平盛世之心情，亦太平盛世之景象。凡其昧于此礼，丧于此乐，囿于小我之幽郁，以自外于大群之和怡悦怿，而不胜其私怖畏、私歆羡、私吁请、私祈求者，此皆谓之迷信。其或仗小我之私智小巧，妄觊役使驱驾，以利用外物，攘窃大群，而暂得逞其私欲者，此皆谓之方术。方术之与迷信，常与礼乐为代兴，而终不敌礼乐之光昌而可久。是为中国民族传统信仰之大要，亦即儒家思想大义所在也。故必待夫教育兴明，政治隆盛，而后吾中国民族对于此广深立方大群文化生命之传统信仰，乃始有其存在与发皇。此则北宋 欧阳子之《本论》固已先我而言之。

七

按黑格尔论基督教，谓其未能与任何国家制度相联合以造成一种民族性之活的发展，乃为一种道德之失败。故基督教者，乃纯粹一种精神之宗教也，亦可谓是一种个人的宗教，耶稣命其门徒离弃父母，并放下其所有之一切，以谓如此庶可超出现实世界之束缚，而不致受命运之宰割。耶稣谓有人要你外衣，应并脱长袍与之。命运当使为爱所调解。故基督精神在饶恕一切仇敌，调节一切命运，超脱一切小己利害、世间冲突，而游心于溥博自由之境界。然基督教之缺陷乃亦即在此。盖基督教即在其个人权利之否定中，表现出基督教本身之限制。由否定其自己个人权利义务所达到之爱，仍无法扩充成为任何现实生活之南针。于是基督教不得不退回教会，离开现实社会，而求精神之统一。基督教会除宣传信仰外，于人类多方面的生活不能有所满足。教会既不能离世独立，又不能与世谐和，基督教乃造成一种宗教与人生间不健全的对立。反之，希腊宗教能将政治生活理想化。希腊人对国家之观念，认为一种超感官的较高之实在，小己生命之持续于国家生活中，乃其自己努力实现之目标。自罗马征服四邻，进而破灭此种比较切近人生之自由公民的宗教，将吸收公民全部生命之有机的国家生活变为死的机械的政治制度，从外面管理此薄弱无力的民众。彼等在社会生活中寻不到安身立命可以不朽之点。故罗马覆灭，时人对宗教之要求特切。本可以当下实现之天国，今既成为一种悠远之愿望，其到达之期，乃不能不展至世界之末日。遂使上帝之外界化，与人生之堕落败坏相与俱来。今按：黑氏此论，正可借以发挥中国儒家精神。儒家根本人心之仁孝，推扩身、家、国、天下以及于天人之际，而融为一体。较之基督教教人离弃父母及一切，以解消人间世之争执与对立者，所胜远矣。惟黑氏所知限于西方，故识破彼中中世纪以来基督教之缺陷，则折而返于古希腊。其实古希腊人对于政治理想之圆宏伟大，固尚远逊于中国。中国儒家所谓礼乐，固已括尽现实世界政治、社会、风俗、经济、学校、教化之各方面。内仁孝，外礼乐，欣合以成一体，以实现当下之天国，儒家思想之可以代替宗教者在此，宗教思想之不能盛行于服膺儒术之中国者亦在此。中国儒家论礼乐，必从井田、封建、学校诸大端求之，其义亦在此。若专从死丧哭泣祭祀歌蹈仪文细节处论礼乐，斯亦失之。细读欧阳修《本论》，可窥见此中消息。

又黑格尔论希腊人观念，谓希腊人认国家不仅为外在之权威，而为实现个人自由之唯一处所。并认彼辈所崇奉之神灵，非外界一种作威作福之力量，而为自然机构与社会组织之理想的有机合一。彼辈所生活居住之小世界，乃由彼辈精神所造成，且不断在创造中。因此彼辈对于世界颇能相安。“我”与“非我”之区别，以希腊人之生活论，殆已在悠扬之乐声中消失于无形。然黑格尔又谓希腊人对于人生与世界之调和薄弱不完备。盖此种调和，并未根据内心生活与外界生活相对立之深彻意识，亦未根据对于征服此种对立之精神历程之认识。换言之，希腊式之合一，并未建筑在理性上，亦未建筑在超过其分别意识之合一上，实乃建筑于对此分别之茫昧无知而已。故不久即代之以自我孤立与世界相反对之意识，如斯多噶派，伊璧鸠鲁派，及怀疑派的个人主义哲学之所表示是也。亚里斯多芬之喜剧，仅为希腊精神最后刹那之快乐，转瞬即过渡而成斯多噶派之严肃主义，从外界生活回复到自己灵魂之壁垒，再过渡到罗马人之俗世平庸生活，在此生活中，法律成为社会之惟一连锁。自此再过渡而为怀疑派之失望生活，怀疑一切，乃进而怀疑及于自身焉。今按：希腊人生，乃人生的而非天国的，此固异于耶教之不能与现实相融和矣。然希腊人生依然未脱个人主义之牢笼，不能与外界亲切融和。黑氏哲学欲以理性与逻辑打通一贯，又常以征服对立为言，其后继起者乃有马克思氏之阶级斗争之历史进程观。此三十年间之两度欧洲大战争，又现于最近德、苏两国对阵之大屠杀。窃疑理性与逻辑，固非消灭人世对立之工具；征服与斗争，更非消灭人世对立之步骤。中国古先圣哲以“仁”字作骨，以“孝”字立本，群己天人，融洽无间，不借径于逻辑，更无事乎征服。尼采又以怜悯为弱者道德，而唱超人之说，不知惟仁为勇，惟孝为强。吾非斯人之徒与而谁与。以此较之希腊思想与耶教道德，固遥为深透圆宏矣。近世彼中惟德儒好于人生作深思，恨不获告之以中国哲人之理想也。

（民国三十一年一月《思想与时代》杂志六期）

论古代对于鬼魂及葬祭之观念

余读古朗士所著《希腊罗马古代社会研究》（**李玄伯译本**），于彼邦古代迷信，言之綦详。其首章论古代希腊、意大利人，信人死后其魂不离肉体，而与之同幽闭于坟墓中，详举当时诸土葬礼以为说明。并谓此种信念，统治彼邦极长时期之思想，影响于其家族及社会之组织，几皆以此项迷信为根源。余因念此等观念，古埃及人先已有之。埃及人视生人屋宇，不翅如逆旅，而死者之坟墓，则若为彼等永久之住宅。其尸体用香料涂抹，以求永久保存，所谓“木乃伊”是也。彼辈信灵魂死后离去，他日可重返，再附尸体，即得复活。后代人言埃及，莫不盛称其金字塔，若为古埃及文化之最高表征。然古埃及文化之所以绵历不永而终于衰歇不复振者，实亦受金字塔之赐。竭生奉死，奈之何其可久。又如耶教复活传说，此亦西方人相信死后灵魂可来再附肉体之一证。据是言之，自埃及、犹太、希腊、罗马诸邦，古代西方有其共同的灵魂观、永生观乃及复活观，都和我们东方人想法不同。

今考春秋以来，中国古人对于魂魄之观念。《易系辞》有云：“精气为物，游魂为变。”《小戴礼记·郊特牲篇》谓：“魂气归于天，形魄归于地。”此谓人之既死，魂魄解散，体魄入土，而魂气则游扬空中无所不属。而中国古人所谓之“魂气”，亦与西方人所谓之“灵魂”有不同。《小戴记·礼运篇》有曰：

及其死也，升屋而号，告曰：皋某复！然后饭腥而苴熟，故天望而地藏也。体魄则降，知气在上。

此处“魂气”又改言“知气”。当时人信人既死，其生前知气（**即魂气**）则离体飘游，故升屋而号，呼而复之。而魂之离体，则有不仅于已死者。故宋玉《招魂》有曰：“魂魄离散。”又曰：“魂兮归来，去君之恒干，何为四方些。”又景差有《大招》。此等若为当时南方楚人之信仰。然郑人于三月上巳，出浴于溍、洧之间，其俗盖亦寓招魂之意。则此种信仰，显不止于南方之楚人。惟其人死而魂离，故中国古代于葬礼乃不甚重视。《小戴礼·檀弓篇》有曰：

延陵季子使齐而返，其长子死，葬于嬴、博之间。既封，曰："骨肉归复于土，命也。若魂气则无不之也。"

《史记·高祖本纪》记高祖过沛，谓沛父兄曰：

游子悲故乡，吾虽都关中，万岁后，吾魂魄犹乐思沛。

则古人谓人既死，魂即离魄而游，其事岂不信而有征。

人之生命，主在"魂"，不在"魄"。"魂"既离魄而去，则所谓"魄"者，亦惟余皮骨血肉，亦如爪发然，不足复重视。孟子曰：

盖上世尝有不葬其亲者。其亲死，则举而委之于壑。他日过之，狐狸食之，蝇蚋姑嘬之。其颡有泚，睨而不视，盖归反蔂梩而掩之。

据孟子之说，亦谓其人不忍见其亲之尸为狐狸蝇蚋所攒食，非谓其亲之魂犹附死体，非葬埋则亲魂永不安。盖葬者所以尽人事，非以奉鬼道。《檀弓篇》又曰：

国子高曰："葬也者，藏也。藏也者，欲人之弗得见也。

> 是故衣足以饰身，棺周于衣，椁周于棺，土周于椁，反壤树之哉。”

《吕氏春秋·节葬篇》亦曰：

> 孝子之重其亲，慈亲之爱其子，痛于肌骨，性也。所重所爱，死而弃之沟壑，人之情不忍为也，故有葬死之义。葬也者，藏也。

《淮南子·齐俗篇》亦曰：“葬薶足以收敛盖藏而已。”故《易》曰：“古之葬者，厚衣之以薪，葬之中野，不封不树，后世圣人易之以棺椁。”因此中国古人绝不赞成厚葬之事。厚葬之事始见于《左传》。成公二年：

> 秋八月，朱文公卒，始厚葬，用蜃炭，益车马，始用殉，重器备，椁有四阿，棺有翰桧，君子谓华元、乐举于是乎不臣。

然此所谓厚葬，较之埃及古俗，何翅千万相去。宋文公亦一国之君，其葬如此，君子已讥主其事者，而谓之“不臣”。其后生事渐富，风俗渐奢，厚葬之风亦渐盛。然所以为厚葬者，亦不为死者计。《吕氏·节丧篇》论之，谓：

> 今世俗大乱之主，愈侈其葬，其心非为乎死者虑也，生者以相矜尚也。侈靡者以为荣，节俭者以为陋。不以便死为故，而徒以生者之诽誉为务，此非慈亲孝子之心也。

惟其不如西俗，信人之既死，其魂犹附随于尸体。故厚葬之在中土，其风终不大盛。

人死魂离，于是而有皋号，于是而有招魂，于丧也有重，于祔也有主以依神，于祭也有尸以像神，凡以使死者之魂得所依附而宁定，勿使飘游散荡。春秋以后，尸体废而像事兴。主也，尸也，像也，皆所以收魂而宁极之也。故古者不祭墓，韩退之《丰陵行》："三代旧制存诸书，墓藏庙祭不可乱。"顾亭林《曰知录》亦谓：

> 体魄则降，知气在上，故古之事其先人，于庙而不于墓。

南朝 刘宋 庾蔚之《议招魂葬》谓：

> 葬以藏形，庙以飨神，季子所云魂气无不之，宁可得招而葬乎？

此皆中国历古相传魂不随尸之义之明证。

然若谓死后有魂，魂虽不随尸，苟有魂，即有鬼，而鬼并有知，惟儒家之说则并此而疑之。故孔子曰："祭如在，祭神如神在，吾不与祭，如不祭。"又曰："未知生，焉知死。"孔子之言见于《论语》者已极明白，而他书之记孔子之言者更透彻。《说苑·辨物篇》：

> 子贡问孔子："死人有知无知也？"孔子曰："吾欲言死者有知也，恐孝子顺孙妨生以送死也。欲言无知，恐不孝子孙弃而不葬也。赐欲知死人有知将无知也，死徐自知之，犹未晚也。"

此即《论语》"未知生焉知死"之说，而记之尤明晰。其说又见于《檀弓篇》，孔子曰：

> 之死而致死之，不仁而不可为也，之死而致生之，不知而不可为也。是故竹不成用，瓦不成味，木不成斫；琴瑟张而不平，竽笙备而不和，有钟磬而无簨虡。其曰明器，神明之也。

是则孔子之论葬器，一犹孟子之论葬，皆所以尽人事，非所以奉鬼道。故曰："饭用米、贝，弗忍虚也。不以食道，用美焉尔。"又曰："孔子谓'为明器者，知丧道矣，备物而不可用也'。""'其曰明器，神明之也。'涂车、刍灵，自古有之，明器之道也。孔子谓'为刍灵者善'，谓'为俑者不仁'，不殆于用人乎哉。"又：

> 仲宪言于曾子，曰："夏后氏用明器，示民无知也。殷人用祭器，示民有知也。周人兼用之，示民疑也。"

若此言而信，古语"殷尚鬼"，或可有之。殆殷人尚信人死为鬼，而渐后渐知其不然。殉葬之风，古虽有之，然其风似亦不盛。秦穆公以子车氏之三子殉，见讥于《左传》。自此稍后，则反对殉葬之思想，日见有力。《檀弓》载：

> 陈子车死，其妻与其家大夫谋以殉葬，以告陈子亢曰："夫子疾，莫养于下，请以殉葬。"子亢曰："以殉葬，非礼也。虽然，彼疾当养者孰若妻与宰？得已，则吾欲已，不得已，则吾欲以二子者之为之也。"于是弗果用。

子亢，孔子弟子，故亦不斥言人死无知，而特曰殉葬之非礼。又：

> 陈乾昔寝疾，属其兄弟而命其子曰：“我死，则必大为我棺，使吾二婢子夹我。”陈乾昔死，其子曰：“以殉葬，非礼也，况又同棺乎？”弗果杀。

此则据礼而违父之遗命，其人盖亦深知儒礼者。《国策》：

> 秦宣太后爱魏丑夫，太后病将死，出令曰：“为我葬，必以魏子为殉。”或为魏子说太后曰：“以死者为有知乎？”太后曰：“无知也。”曰：“若太后之神灵，明知死者之无知也，何为空以生所爱葬于无知之死人哉！若死者有知，先王积怒久矣，太后救过不暇，何暇私魏丑夫？”太后曰：“善。”乃止。

然则当其时，死人无知，虽如秦太后欲以人殉，亦知之。故中土殉葬之风，宜其终不能盛。

秦 汉以后，贤达之士又屡唱薄葬之论，尤著者如杨王孙之《裸葬令》，谓：

> 死者，终生之化，而物之归。归者得至，化者得变，是物

各反其真也。吾闻之，精神者天有之，形骸者地有之，精神离形，各归其真，故谓之鬼。鬼之为言归也。且尸块然独处，岂有知哉。

此则明言无鬼，又言尸无知。又如崔瑗顾命，谓：

人禀天地之气以生。及其终也，归精于天，还骨于地，何地不可藏骸形？

又赵咨遗书谓：

夫亡者，元气去体，贞魂游散，反素复始，归于无端。既已消仆，还合粪土，土为弃物，岂有性情，而欲制其厚薄。但以生者之情，不忍见形于毁，乃有掩骼之制。

凡此所言，皆为达识。惟明言人死无知而主薄葬，此与儒家慎终追远、敦孝重礼之义不合。要之皆透彻始终，明达死生，较之西土往古之沉迷执着，相胜远矣。至于流俗人之间，犹有妄见小信，此无足怪。及印度佛教流传，重有“三世轮回”及“地狱”诸说；然士大夫间染于古训者已深，迷信之说，每不易入。因此宗教之在中土，亦不发展。因读古朗士书，弥觉东土古哲高情旷识，可珍可贵；因为撮其大要，备探究东西民俗异同者参究焉。

（民国三十一年一月《责善半月刊》二卷二十期，思亲疆学室读书记之十三。）

中国思想史中之鬼神观

上　篇

本文分上下两篇。上篇专述自春秋 战国时代迄于佛教东来为止，下篇专述佛教盛极以后之中国传统思想复兴，以宋 明儒为主。其他则随文附见，不多详及。然中国传统思想中的鬼神观，其主要大体，殆已备举无遗。

一　郑子产吴季札之魂魄论

春秋时代，乃中国古代思想一极重要的转变期。此下先秦诸子，有许多思想，都承袭春秋。关于鬼神观之新思想，其开始亦在春秋时，而为战国所承袭。《左传》备载春秋时人对于鬼神方面之种种传说与故事，可见当时鬼神迷信之风尚极盛。但不少开明而深刻的观点，亦在此时兴起。其最主要者，厥为郑 子产所提出的魂魄观。此事发生在鲁昭公七年，相当于西历纪元前之五百三十五年。《左传》云：

> 郑人相惊以伯有，或梦伯有介而行，曰："壬子，余将杀带。明年壬寅，余又将杀段。"及壬子，驷带卒。（**明年**）壬寅，公孙段卒。国人愈惧。其明月，子产立公孙泄及良止以抚之，乃止。子大叔问其故，子产曰："鬼有所归，乃不为厉，吾为之归也。"

此一节，描绘伯有之鬼出现，及其为厉鬼杀人之可怕情形，可谓是真龙活现，如在人目前。子产为伯有立后嗣，奉其祭祀，算把此事消弭了。在此一段故事中，可见子产仍信人死有鬼，和当时一般意见差不远。但重要者，在他下面的一番大理论。《左传》云：

> 及子产适晋，赵景子问焉，曰："伯有犹能为鬼乎？"子产曰："能。人生始化曰魄，既生魄，阳曰魂。用物精多，则魂魄强。是以有精爽至于神明。匹夫匹妇强死，其魂魄犹能凭依于人以为淫厉。况良霄（**即伯有**），我先君穆公之胄，子良之孙，子耳之子，敝邑之卿，从政三世矣。其用物宏，其取精多，其族

又大，所凭厚矣，而强死，能为鬼，不亦宜乎？”

此一番理论，子产明白承认人死可为鬼，并能为厉，又可历时久远而仍为厉。然非谓尽人死后皆然。其主要关系，在其人生前魂魄之强弱。就字形言，魂魄字皆从鬼，其原始意义，应指人死后关于鬼一方面者而言。但子产所言之魂魄，则移指人生时。“魄”则似指人之形体，“魂”则指人之因于有此形体而产生出之种种觉识与活动。子产认为，若其人生前生活条件优，即所谓凭依厚，则其魂魄强，因此死后能为鬼。若其人生前生活条件劣，即所谓凭依薄，则魂魄弱，则在其死后，亦未必能为鬼。诚如此，则在子产观念中之所谓鬼，仅是指人死后，犹能有某种活动之表出。而此种活动，则仅是其人生时种种活动之余劲未息，余势未已。若果如此，则显然与普通世俗意见所谓人死为鬼者不同。因普通所谓人死为鬼，乃指人死后，仍有某种实质存在。此在古代世界其他各民族，殆均抱此信仰。此种实质，即所谓“灵魂”。至于中国古人对于灵魂信仰之详细查考，因非本文范围，姑勿论。惟春秋时人，则对此种灵魂信仰，已显淡薄，并有动摇。即如赵景子对子产发疑问，殆已抱一种不深信态度者。而子产则显然更不信人死后有灵魂之存在。故子产解释伯有为鬼，乃推原于其生时之魂魄之强。故子产此处所用魂魄字，乃不指人死后之鬼的一方面言，而移指人生前之形体与其种种作用。可见子产此一番话，在当时思想界，实是一番极新鲜的大理论。我们此刻来讲中国思想史里的鬼神观，所以特从子产这一番话讲起，亦正为此故。

此下再就子产这一节话，据后代人注疏，再加详说。《左传》孔颖达《正义》云：

> 人禀五常以生，感阴阳以灵。有身体之质，名之曰形。有嘘吸之动，谓之为气。形气合而为用，知力以此而强，故得成为人也。此将说淫厉，故远本其初。人之生也，始变化为形，形之灵者，名之曰魄也。既生魄矣，魄内自有阳气。气之神者，名之曰魂也。魂魄，神灵之名，本从形气而有。形气既殊，魂魄亦异。附形之灵为魄，附气之神为魂也。附形之灵者，谓初生之时，耳目心识，手足运动，啼呼为声，此则魄之灵也。附气之神者，谓精神性识，渐有所知，此则魂之神也。是魄在于前，而魂在于后，故曰“既生魄，阳曰魂”。魂、魄虽俱是性灵，但魄识少而魂识多。

此一段《正义》解释魂魄字，是否与子产当时原意有歧，此层无可详论。据先秦以下古籍言“魄”字，有两义。一据形、神分别，“魄”即作形体解。惟既有形，即有知。魄与魂皆言知，惟指其仅限于形体之知言，则如《正义》之所释。《正义》乃魏 晋后人见解，容不能与春秋时人原义一一吻合。惟经师说义皆有传统，故此所说，实是从来经师大体意见，而经魏 晋后人详细笔之于书，而孔颖达乃以采之入《正义》者。故我们亦尽不妨认此一段解释，乃两汉以来经师们之传统解释，并亦可认为与子产当时原旨，至少相距不甚远。故我们据此一段疏文来阐述子产对于魂魄观念之真意，殆亦不致有甚大之谬误。

在此有最值注意者，即在中国 春秋时人，至少如子产，显然并不认为在人生前，先有某种实质，即所谓“灵魂”者投入人身，而才始有生命。中国 春秋时人看人生，已只认为仅是一个身体，称之曰“形”。待其有了此形，而才始有种种动作或运动，此在后人则称之曰“气”。人生仅只是此形气，而所谓神灵，则指其有此形气后之种种性能与作为，故必附此形气而见，亦必后此形气而有。并不是外于此形气，先于此形气，而另有一种神灵或灵魂之存在。此一观念，我们可为姑定一名称，称之为“无灵魂的人生观”。当知此种无灵魂的人生观，实为古代中国人所特有。同时世界其他各民族，似乎都信有灵魂，而中国思想独不然。由此引伸，遂有思想上种种其他差异。当知中国思想此后演进所得之许多特殊点，若深细推求，可谓其本源于此种无灵魂的人生观而来者，实深实大。故此一层，实在值得我们加以特别的注意与阐发。此种所谓无灵魂的人生观，我们亦可称之为是“纯形气的人生观”。若以哲学术语说之，则是一种自然主义的人生观。因于此种人生观而牵涉到宇宙观，则亦将为一种自然主义的宇宙观，而因此遂对于形而上的灵界之探索，在此下中国思想史里，似乎甚少兴趣。而如其他各民族之宗教信仰，亦遂不获在中国盛大发展，而甚至萎缩以尽。因此我们不得不说，子产此一观点之提出，对于此后中国思想史之演进，实有其甚深甚大的关系。

此下再说有与《正义》相歧之解释。子产云："人生始化曰魄，既生魄，阳曰魂。"杜预注："魄，形也。"此注只说子产所说之魄，只指体魄形魄言。"魄"即指人之形体，非指觉识。人生必待有此形体，才始生觉识。既生魄，阳曰魂，"魂"始指觉识言。"用物精多"，即是生活条件之充足。因于生活条件之充足而使其人体魄强，而觉识亦强，故曰"魂魄强，是以有精爽，以至于神明"。此所谓精爽、神明，则皆指人生时之觉识言。或是子产原义仅如此。后代注疏家言，如上引《正义》所云，认为魂、魄皆指觉识，又将此分属于形气，始说"初生之时，耳目心识，手足运动，啼呼为声"，属于魄。"精神性识，渐有所知"，属于魂。此则或是魏晋以后经师据子产意见，逐步分析入细，乃始如此说之。而子产初义，似尚未作如此分别。至云"魄识少，魂识多"，此等语疑受佛家影响。但就大体论，则后代注疏与《左传》所记子产原文，同为主张一种纯形气的，即无灵魂的人生观，此则先后一致，并无甚大违异也。

上文说子产言魂魄，"魄"字仅指体魄言，不指魄识言，又可引稍后《小戴礼记·郊特牲篇》中语作证。《郊特牲》云：

> 魂气归于天，形魄归于地。

可见魄属形，魂属气，语义分明甚晰。《左》昭七年《正义》引刘炫云：

> 人之受生，形必有气，气形相合，义无先后。而此（**指子产语**）云始化曰魄，阳曰魂，是先形而后气，先魄而后魂。魂魄之生有先后者，以形有质而气无质，寻形以知气，故先魄而后魂。其实并生，无先后也。

刘炫此一节辨解，不仅解释子产原意最为的当，并亦于子产原意有所补充。因人生最先是形体，而形体又从宇宙中大气来，刘炫谓“气形相合，义无先后”，较之孔《疏》，实更圆密。而刘炫所据，实是战国人意见，此待下详。惟再深一层言之，气形相合固是无先后，形神相合，亦可说无先后。婴孩呱呱堕地此一哭声之纵，便已有了知。则不得定谓子产所言“人生始化曰魄”定即指形体言。一说是人生有了此形体，才始有种种作用与觉识，此始谓之魂。另一说则说成此始谓之魂魄。究竟子产当时立论原意如何，此则甚难细究。

在郑 子产论魂魄后二十年，当鲁昭公二十七年，相当于西历纪元前五百十五年，有吴 季札在旅行途中葬子时论及魂魄一节，其语载在《小戴礼记·檀弓篇》。其文云：

> 延陵季子适齐，于其反也，其长子死，葬于嬴、博之间。孔子曰："延陵季子，吴之习于礼者也。"往而观其葬焉。其坎深不至于泉，其敛以时服。既葬而封，广轮掩坎，其高可隐也。既封，左袒，右还其封且号者三，曰："骨肉归复于土，命也，若魂气则无不之也。"

此处所谓骨肉归于土，即是《郊特牲》所谓形魄归于地。而《左》昭七年《正义》亦连带说及此文，云：

> 《孝经》说曰："魄，白也。魂，芸也。"白，明白也。芸，芸动也。形有体质，取明白为名。气唯嘘吸，取芸动为义。郑玄《祭义·注》云："气，谓嘘吸出入者也。耳目之聪明为魄。"是言魄附形而魂附气也。……以魂本附气，气必上浮，故言魂气归于天。魄本归形，形既入土，故言形魄归于地。

此处改言魄附形，魂附气，则仍主魄非即是形，而特为附形之一种灵，故曰“耳目之聪明为魄”。其义盖本诸郑玄，郑玄则尚在杜预前。而郑玄所以说“耳目之聪明为魄”者，则亦有故，今试再加申说。

上文已指出，子产所说之魂魄，决非魂魄二字之原始义，因此亦非魂魄二字之通用义，此乃子产一人之特创义。即如《楚辞》宋玉《招魂》有云：

> 魂魄离散，汝筮予之。

又云：

> 魂兮归来，去君之恒干，何为四方些！
> 长人千仞，惟魂是索些！
> 彼皆习之，魂往必释些！

如此类语尚多，不尽引。凡此所用“魂”字，殆与原始义较近，此乃谓人生在肉体外另有一灵体，可以游离肉体而自有其存在。此灵体即称魂，有时则魂魄连言，是魄亦同属灵体可知。

又如《楚辞》景差《大招》有云：

魂魄归来，无远遥只！魂乎归徕，无东无西无南无北只！

又云：

魂魄归徕，闲以静只！

此证晚周时南方楚人，尚多抱灵体与肉体之分别观，而魂魄则同属灵体，文显可知。

即就《左传》言，鲁昭公二十五年，有如下之记事云：

宋公宴叔孙昭子，饮酒，乐，语相泣也。乐祁佐，退而告人曰："今兹君与叔孙，其皆死乎！吾闻之：'哀乐而乐哀，皆丧心也。'心之精爽，是谓魂魄。魂魄去之，何以能久？"

此显以魂魄同指为心之精爽。郑玄乃东汉一大经师，当时经师说经，只求将经典会通作解。故凡遇经典中魂魄字，郑玄必求其处处解通，其说"耳目之聪明为魄"，乃本之乐祁。今不知子产言魂魄，是否与乐祁同义。如属同义，子产亦仅说人生先有形体，后有魂魄，即觉识。要之"魄"字有歧义，亦无害。此处亦可见经师义训殊亦不当轻视也。

上文已说明了子产所说之魂魄义。因子产既不信人生在肉体外另有一灵体存在，故子产虽仍信人死可有鬼，但对鬼神观念，则必然会因于子产此一番见解而引生出大变化。此事就典籍证之，则已下及孔子时代之后。

二　孔子以下儒家之鬼神论

在《论语》，孔子曾说：“敬鬼神而远之。”又说：”未能事人，焉能事鬼？”又说：“子不语怪力乱神。”似孔子仅不多说鬼神事，而于鬼神观念，则仍若同于向来普通意见，无大违异。但《小戴礼记·祭义篇》载孔子与宰我论鬼神一节，则显然对于从来鬼神观念有一番崭新的见解，可与子产论魂魄后先辉映。盖既有子产之新的魂魄观，则自会引生出孔子的新的鬼神观，此乃思想史上一种必然应有之进程也。《祭义》云：

宰我曰：“吾闻鬼神之名，不知其所谓。”子曰：“气也者，神之盛也。魄也者，鬼之盛也。合鬼与神，教之至也。众生必死，死必归土，此之谓鬼。骨肉毙于下，阴为野土。其气发扬于上，为昭明，焄蒿、凄怆，此百物之精也，神之著也。因物之精，制为之极，明命鬼神，以为黔首则。百众以畏，万民以服。”

此一节话，最可注意者，即从讨论魂魄转变到讨论鬼神。虽与上引子产语一脉相承，而问题之着重点，则已甚不同。此一番对话，是否真出于宰我与孔子，今已无从细考。惟此文显见为晚出。《正义》云：

> 黔首谓民。“黔”谓黑也，凡人以黑巾覆头，故谓之黔首。案《史记》云：“秦命民曰黔首。”此纪作在周末秦初，故称黔首。此孔子言，非当秦世，以为黔首，录记之人在后变改之耳。

是即据“黔首”一语，证此文乃出后人纪录，即不能确认为是孔子当时说话之全部真相。然至少亦可证在先秦儒家中有此一番见解也。

据本文言，“骨肉毙于下，阴为野土”，此之谓鬼，鬼即指其归复于土者言，则应指形骸。但又说“魄者鬼之盛”，则似魄不仅指骨肉形骸，而犹带有关于骨肉形骸之一番觉识言。指其在生前曰魄，死后则称为鬼也。

《正义》又云：

> 子曰“气也者，神之盛也”者，此夫子答宰我以神名，言

神是人生存之气。气者，是人之盛极也。

此处《正义》释“神”字极明确，无游移。谓神是人生存时之气，则鬼又似决然指人生前之形体。因其死后之必归复于土，故《正义》又云：“鬼，归也。此归土之形，谓之鬼。”此乃先秦儒家心意中所谓之鬼神，后代经师说之，十分明确，断不如一般世俗，指其离了肉体而另有一种灵体而始谓之鬼神矣。

其实神指人生存时之气此一义，并不专是儒家说，我们若把《正义》此语来解释《庄子》书中“神”字，也见处处贴切。可见中国古人之鬼神观，在先秦儒、道两家，本是欣合一致，并无甚多异见。而无甯谓后起儒说或多本于道家，此层俟下再及。

今再说，骨肉归于土，其事显见，但谓“魂气归于天”，“魂气则无不之”，这究该如何解说呢？《祭义篇·正义》又有一节说此云：

人生时，形体与气合共为生。其死，则形与气分。其气之精魂，发扬升于上。为昭明者，言此升上为神灵光明也。焄蒿、凄怆，此百物之精也者。焄谓香臭也，言百物之气，或香或臭。蒿谓烝出貌，言此香臭烝而上出，其气蒿然也。凄怆者，言此等之气，人闻之，情有凄有怆。百物之精也者，人气扬于上为昭明，百物之精气为焄蒿、凄怆。人与百物共同，但情识为多，故特谓之神。

此则分别指出人与其他万物之相异。因人生有情有识，故其死后，其生前种种情识，尚若浮游存在于天地间，仍可与生人之情识相感触、相通接，于是若有一种神灵光明。至于万物，则无情识，故其接触感通于人者，仅为一种焄蒿、凄怆。大抵焄蒿有一种温暖义，如人接春夏百物之气，即感其如是。凄怆有一种愀凉义，如人接秋冬百物之气，即感具如是。此虽于生人之情识亦可有感触，但不能如感触于已死之人者之为若神灵而光明。如此说之，中国儒家思想，如经典中所说，显然主张一种无鬼论，亦可说为无神论。其所谓神，仅指其人生前之魂，或说魂魄。因其有一番情识作用，而及其死后，此种情识，仍能与其他生人之同具有情识者相感通、相接触。若专说气，则人死后气已绝，故《左》昭七年《正义》曰：

人之生也，魂盛魄强，及其死也，形消气灭。

气已灭，何谓其能复发扬升游于天地之间？故知所谓“魂气归于天”，“魂气无不之”者，实即指其人生前之魂而言，即指其人生前之种种情识言。因情识是魂之事，魂则不属于形而属于气，故说是魂气。《祭义篇·正义》又云：

> 气在口，嘘吸出入，此气之体，无性识也。但性识依此气而有，有气则有识，无气则无识，则识从气生，性则神出也。

此一节，说气与识，及性与神之分别。其人生前种种喜怒哀乐皆是识，亦谓之情识。惟前人后人，喜怒哀乐，率皆相同，故亦谓之性识。识依气而有，人死即气绝，但其生前种种因气而有之识，则若存在若不存在，若消失若不消失。譬如忠臣孝子，节妇烈女，其生前一番忠孝节烈，岂能说一死便都消失不存在？故曰性则神出。人有此性才能成神。神之与气则不同，专从其识之从气生者言，在中国古人乃称之曰魂气，亦得称知气。《小戴记·礼运篇》有云：

> 体魄则降，知气在上。

是也。

根据上述，可见古代中国经典中所谓之魂魄与鬼神，其实一义相通，而与后代一般世俗流传之所谓魂魄与鬼神者大不同。《左》昭七年《正义》又云：

> 圣王缘生事死，制其祭祀。存亡既异，别为立名。改生之魂曰神，改生之魄曰鬼。

可见死后之鬼神，即是生前之魂魄。只因其人已死，故不再称之为魂魄，而改称为鬼神。如此说之，岂不人死后，同时有神又有鬼，正如人生前，同时有魂又有魄。所以《祭义》要说："合鬼与神，教之至也。"《正义》说之云：

> 人之死，其神与形体，分散各别。圣人以生存之时，神形和合，今虽身死，聚合鬼神，似若生人而祭之，是圣人设教，兴致之，令其如此也。

此谓人生前，魂魄和合，即形神和合，死后，魂魄分散，即鬼神分散。鬼指尸体，即生前之魄。神指魂气，即生前之种种情识。人死后，其生前种种情识，生者还可由感想回忆而得之。但其尸体，则早已归复于土，荫于地下，变成野泽土壤。而圣人设教，则设法把此魂与魄，即鬼与神，由种种礼的设备，求其重新会合，要它仍像生前一般。此一节把儒家祭礼精义都已说尽。

三　先秦儒家之祭祀义

让我们再引《祭义》几段本文作申说。《祭义》云：

> 霜露既降，君子履之，必有凄怆之心，非其寒之谓也。春，雨露既濡，君子履之，必有怵惕之心，如将见之。致齐于内，散齐于外。齐之日，思其居处，思其笑语，思其志意，思其所乐，思其所嗜。齐三日，乃见其所为齐者。祭之日，入室，僾然必有见乎其位。周还出户，肃然必有闻乎其容声。出户而听，忾然必有闻乎其叹息之声。

为何祭之前，要齐戒致思，来思念所祭者之生前之居处、笑语、志意，与其所乐所嗜呢？此居处，与笑语，与志意，与其所乐所嗜，便是死者生前魂气之所表现，亦是此死者之神之所借以复活。为何要如见乎其位，闻乎其容声，与夫其叹息之声呢？此则在致祭者之想像中，似乎又见了死者之体魄，即死者之鬼，像真来降临了。

《祭义》又说：

> 孝子将祭，虑事不可以不豫。比时具物，不可以不备。虚中以治之。宫室既修，墙屋既设，百物既备，夫妇斋戒沐浴，盛

> 服奉承而进之。洞洞乎！属属乎！如弗胜，如将失之，其孝敬之心至也与？荐其俎豆，序其礼乐，备其百官，奉承而进之，于是谕其志意，以其慌惚以与神明交，庶或飨之。庶或飨之，孝子之志也。

为何要比时具物，修宫室，设墙屋，荐俎豆，序礼乐呢？因为事死如事生，把奉侍其人生前的一切情景条件，重新安排布置起，便会慌惚像真有鬼出现。为何要虚中，要斋戒沐浴，要孝敬之心至，而谕其志意呢？因为这样才能把死者之神在致祭者之心中重新复活。此两段，岂不是“合鬼与神”一语之确解？《祭义》虽亦是晚出书，但《论语》不曰：“祭神如神在，我不与祭，如不祭”乎？《祭义》所说，显是《论语》此等话之最好注脚。因此我们说，先秦儒家的鬼神观，大体上一线相承，无大差违。

因此，《郊特牲》又说：

> 鬼神，阴阳也。

《礼运》亦说：

> 人者，其天地之德，阴阳之交，鬼神之会，五行之秀气也。

《正义》云：

> 鬼谓形体，神谓精灵。《祭义》云："气也者，神之盛也。魄也者，鬼之盛也。"必形体精灵相会，然后物生，故云"鬼神之会"。

可见中国经典中所云之"鬼神"，其代表孔孟以下儒家思想者，均不指俗义之鬼神言。其与《论语》中所言鬼神字，显有不同，此是儒家思想本身之演进处。

四 道家思想与儒家之关系

由于子产之提出新的魂魄观，而此后遂正式一变而成为先秦儒家的一种无鬼论与无神论，其大体转变如上述。至于道家方面，亦同样主张无鬼论与无神论，此层较易见，可不再详说。但这里面，究竟是儒家影响道家的多，抑是道家影响儒家的多，此待另文细阐。但大体言之，则儒家所言鬼神新义，多见于《小戴礼》与《易系传》，此两书皆晚出，则似乎儒家接受道家思想之分数当尤多。

兹再引《易·系辞传》一节阐说之。《系辞传》云：

> 易与天地准，故能弥纶天地之道。仰以观于天文，俯以察于地理，是故知幽明之故。原始反终，故知死生之说。精气为物，游魂为变，是故知鬼神之情状。

郑玄注云：

> 游魂谓之鬼，物终所归。精气谓之神，物生所信。

照上来所说，“游魂为变”应是神，“精气为物”应是鬼，郑氏此注，初看似说颠倒了。朱子《易本义》则云：

> 阴精阳气，聚而成物，神之伸也。魂游魄降，散而为变，鬼之归也。

经此一番阐发，知郑玄注义，并无歧误，只是省文互见而已。而朱注之精妙，亦可由此而见。总之，鬼神只是阴阳之气，只是此二气之一往一复，一阖一辟，一屈一伸。天地万物皆逃不出此鬼神之大范围。故《中庸》说：

鬼神之为德，其盛矣乎！视之而弗见，听之而弗闻，体物而不可遗。

郑玄注：

“体”犹生，“可”犹所也。不有所遗，言万物无不以鬼神之气生也。

此处郑注不说鬼神，而转说鬼神之气，下语极审当。其实鬼神之气，即是阴阳之气，惟儒家以鬼神字替代了道家的阴阳字，遂把道家的自然宇宙观，又转成为人格化。其分别仅在此，此一层俟下再略及。

以上略述先秦儒家之无鬼论与无神论。其实在当时，主张无鬼论者殆极普遍，不限于儒家。惟墨子一派，独守旧见，主张“明鬼”。惜今传《墨子》书，仅存《明鬼》下篇，其上、中两篇已阙。在《明鬼》下篇中，屡有“今执无鬼者曰”云云，可见其时主张无鬼论者必多，但并未明指执无鬼论者乃儒家。又其《非儒篇》，惜亦仅存下篇，而上篇亦阙。在《非儒》下篇中，亦无驳斥儒家无鬼之说。据此推想，知当时主张无鬼者，似不限于儒家。或儒家对此问题，毋宁还是采取了较保留而较隐藏的态度者。

五　荀子的神形论

现再顺次说到晚周，《荀子·天论篇》有云：

> 天职既立，天功既成，形具而神生，好恶喜怒哀乐藏焉，夫是之谓天情。

杨倞注：

> 言人之身，亦天职天功所成立也。形谓百骸九窍，神谓精魂。天情，所受于天之情也。

荀子此文“形具而神生”，其实亦仍是子产所谓“人生始化曰魄，既魄生，阳曰魂”一语之同意语。荀子之所谓“形”，即子产之所谓“魄”。而荀子之所谓“神”，即子产之所谓“魂”。杨倞说“神谓精魂”，此注确切。扬雄《太玄注》亦云：

> 神，精魂之妙者。

《大戴礼记·曾子天圆篇》有云：

> 阳之精气曰神，阴之精气曰灵。神灵者，品物之本也。

卢辩注云：

> 神为魂，灵为魄，魂魄，阴阳之精气，生之本也。及其死也，魂气上升于天为神，体魄下降于地为鬼，各反其所自出也。

卢辩此注，近似郑玄，通指魂魄为神灵。然谓人生本于气，仍属一种纯形气的人生论，则仍不谓形体之外另有一种神灵或灵魂之投入也。又《易系辞》“游魂为变”，虞翻注云：

> 魂，阳物，谓乾神也。

虞翻此注亦承袭旧谊，要之谓宇宙人生，仅是形气。神即属于气，非于气之外别有神。此则大体一致，决无甚大之差违。惟有一端当注意者。当子产时，虽已创辟新见，但仍援用“魂魄”旧语。逮荀子时，则不再用魂魄字，而径称为“形神”。“形神”两字，尤为先秦道家所爱用。自此以降，相沿多说形神，少言魂魄。因说魂魄易滋误会，说形神则更属明显。当知形神之神，显然已不是鬼神之神，乃仅指其人生前之一段精气言。此种精气，人死后，又散归于天地间，惟此乃称为神。而形体之埋藏于土者，则称为鬼。如此则中国古代人之鬼神观，直自先秦下及隋 唐经师注疏，虽说法精粗有异，相互间或有所出入，而大体如上述，同为主张一种无鬼论与无神论，此事甚显白，尽无可疑也。

六　两汉以降的鬼神观

循此以降，在西汉有杨王孙，他临死遗嘱说：

> 精神者，天之有也，形骸者，地之有也。精神离形，各归其真，故谓之归。鬼之为言，归也。

此处所谓精神，亦可说精气，亦可说精魂，亦可说神气，亦可说神魂，亦可说魂气，其实诸语全是一义。“精”字亦为先秦道家所创用，最先见于《老子》。而“精神”两字之连用，亦始于道家，多见于《庄子》之《外》《杂》篇。总之所谓精神者，仍由一种纯形气的、无灵魂的人生观而来，仍是一种无鬼论与无神论者的观默。此层即就本篇上引各段文字细绎，即可悟了。杨王孙平生事迹无考，仅凭此一篇临死遗文留名史籍，亦可见当时人对其见解之重视。

其次当说到东汉 王充。王充《论衡》有《订鬼篇》，亦主张无鬼论。《订鬼篇》云：

> 人所以生者，阴阳气也。阴气主为骨肉，阳气主为精神。人之生也，阴阳气具，故骨肉坚，精气盛。精气为知，骨肉为强。故精神言谈，形体固守。骨肉精神，合错相持，故能常见而不灭亡也。太阳之气盛而无阴，故徒能为象，不能为形。无骨肉，有精气，故一见恍惚，辄复灭亡也。

此一节实仍与子产所说无二致。惟子产用魂魄字，而王充改用骨肉与精神字，此为不同。人生必形体与精神合，始能具体存在，此即王充所谓常见而不灭亡也。若骨肉消散，则纵使精神存留，亦仅能显出一虚象，不能抟成一实形。此“象”字始见于《易》，亦为先秦道家所乐用，而《易·系辞传》于此大加发挥。此后宋儒好言“气象”，其实气象与精神之二语，皆在道家思想中寓有极重要之意义，儒家受其影响，故援用而不自觉耳。

《订鬼篇》又云：

> 凡天地之间有鬼，非人死精神为之也，皆人思念存想之所致也。

此一说，较之子产语尤见进步。子产尚承认伯有可以为鬼，王充则谓天地间之鬼，皆生人思念所致。王充虽非儒家，而此语实深细阐发了上引《小戴记·祭义篇》所论之精义。儒家祭祀，所重正在祭者之思念存想。若问儒家何以要如此看重此一番思念存想，来保持祭祀之礼于不坠，此则已触及儒家思想之深微重大处，以非本篇范围，不拟涉及。惟既言思念存想，则思念存想之着重点，决非思念存想于所祭者生前之形体，而更当着重在思念存想于所祭者生前之精神。此层虽易知，而由此深入，即牵涉到儒家主张祭礼之另一重要义，此处亦不能详论。惟专据王充意言之，彼乃谓天地间有鬼，非由人死后仍有一种精神存留，而实由生人对死者之一番思念存想，而觉若其人精神之复活，是则王充实为别自阐明了鬼神之理之另一面，而王充之为显然主张彻底的无鬼论者更可知。

《论衡·论死篇》又说：

> 人之所以生者，精气也。死而精气灭。能为精气者，血脉也。人死血脉竭，竭而精气灭，灭而形体朽，朽而成灰土，何用为鬼？

又曰：

人死，精神升天，骸骨归土，故谓之鬼。

又曰：

或说：鬼神，阴阳之名也。阴气逆物而归，故谓之鬼。阳气导物而生，故谓之神。神者伸也，申复无已，终而复始，人用神气生，其死复归神气。阴阳称鬼神，人死亦称鬼神。气之生人，犹水之为冰也。水凝为冰，气凝为人。冰释为水，人死复神，其名为神也，犹冰释更名水也。

此条言天地有阴阳二气。阴气凝为人之形体，死则骸骨归土，故谓之鬼。阳气导为人之精神，即情识，死则复化于大气中而谓之神。神是指此生生不绝之气而言。故人死为神，犹言冰释为水也。又曰：

人未生，在元气之中。既死，复归元气。元气荒忽，人气在其中。

此条分言人气、元气。人由元气而生，复归于元气，即谓之鬼神。王充此等语，总之认人生乃属纯形气者，非在形气之外另有一种灵魂之加入。既抱如此观点，即可称之为无鬼论与无神论。故王充意见，实是仍续子产以来之传统意见也。惟即就王充书，亦可想像当时社会迷信鬼神之风尚极盛。逮后汉末黄巾五斗米鬼道出现，近儒章炳麟谓当渊源于墨家，而非承袭自道家，此辨有卓识。盖先秦诸家对此问题，接近通俗意见，主张明鬼者惟墨。故谓墨家此一义，尚流传于后代世俗间，固无不可耳。

又次说到应劭《风俗通》，其书多记俗间神话怪事，然应劭似亦主无鬼论。故曰：

死者澌也，鬼老归也。精气消越，骨肉归于土也。

又曰：

董无心云，杜伯死，亲射宣王于镐京，予以为桀、纣所杀，足以成军，可不须汤、武之众。

董无心亦是先秦儒家，主无鬼，难墨徒缠子，其言论亦见引于《论衡》。

七 佛教传入以后与中国传统鬼神观之争辨

此下佛教入中国。佛教有“三世轮回”之说，虽不主张有灵魂，实无异于主张有灵魂。其时一辈儒生经师，则仍主先秦以来儒家旧说，其义略见于经典之诸注疏，已详上引。而梁时有范缜，造为《神灭论》，在当时，实对佛家思想为一主要之打击，因此激起许多辨难。范缜《神灭论》大义，谓“神即形也，形即神也”。是以“形存则神存，形谢则神灭”。又说：

> 形者神之质，神者形之用。未闻刀没而利存，岂容形亡而神在。

是则范缜之意，仍是荀子“形具而神生”，子产“既生魄，阳曰魂”之旧谊。又其说吴季札“魂气无不之”云：

> 人之生也，资气于天，禀形于地，是以形销于下，气灭于上。气灭于上，故言“无不之”。无不之者，不测之辞耳，岂必其有神与知耶？

此说更彻底，与王充语相似。当时一辈难者，谓形神可离，是二，非即是一。然若果有离形而可以独存之神，则试问此非一种变相之灵魂而何？而范缜意见之确然代表中国传统意见，亦更可无疑矣。

八　儒道两家对于宇宙论之终极相异处

继此尚有一层须提及者。上文所述中国思想史中之传统的纯形气的人生观。此在先秦，应分儒、道两大支。道家因于主张纯形气的人生观，而紧接着主张纯自然的宇宙观。而道家言宇宙原始，又终必推极至于“无”。但儒家则不愿接受此种纯无的宇宙观，于是又重新提出一“神”字。故儒、道两家主张自然之宇宙观虽一，但道家主张自然之外无别义，因又谓宇宙终极是一“无”。儒家则承认此自然宇宙之最后终极乃一“神”。此所谓“神”者，虽仍不脱形气，虽非主张在形气之外别有神，而仅谓此宇宙大形气之自身内部即包孕有神性。故此神则非创出宇宙之神，而成为此宇宙本身内涵之一德性。此说备见于《周易》之《系辞传》。《系辞传》云：

> 神无方而易无体。

神无方所，自然更无人格性，此神则仅是整个宇宙造化之充周流动而无所不在者。《系辞传》又云：

> 阴阳不测之谓神。

此与“鬼神者，阴阳也”之神又微不同。此乃就整个阴阳二气之变化不测而谓之神。故《系辞传》又曰：

> 知变化之道者，其知神之所谓乎？

又曰：

> 穷神知化，德之盛也。

又曰：

> 神者，妙万物而为言者也。

老子曰：“同谓之玄，玄之又玄，众妙之门。”又曰：“常无，欲以观其妙。”在老子主“以无观妙”，即是以无观宇宙一切之原始。而在《易》之《系辞传》，在晚周儒家间，则主“以神观妙”。“妙”

是宇宙众始之会同集合处，此处即见其为神。老子道家谓宇宙众始是一“无”，而《易传》儒家则改说宇宙众始是一“神”。此层为晚周儒、道两家思想上一大分辨。在孔子与庄周时，此分辨犹不显，必待老子与《易传》，而此分辨始彰著，此亦思想进展之一例。因此《易传》又说：

以体天地之撰，以通神明之德。

又曰：

以通神明之德，以类万物之情。

上之为天地，下之为万物，《易系传》作者则以一“神”字上下包举，兼尽此天地万物，而神明之德，亦即于天地万物上见。故《中庸》亦云：

所过者化，所存者神。

宇宙一切尽在化，只其化之存在处便是神。此说毋宁可谓是较近于《庄子·内篇》七篇之所说。若只从老子以后之道家言之，则宇宙大化仅是一自然，更无所谓神也。此乃儒、道两家之大分辨。以后论宋儒理学，必当先明此义，乃可得宋儒持论之要旨。而许慎《说文》则云：

> 神，天神引出万物者也。

如此说来，岂不真有一天神在引生出万物乎？训诂文字学者之不成为一思想家，正可于此等处微辨得之。

下　篇

本文上篇，叙述春秋以下迄于佛法东来，在此一段期间中国思想史中之鬼神观。佛法主张有三世轮回，与中国传统思想中之鬼神观，显然不合。下篇则略述宋 明儒对于鬼神观之新发挥，大体为承袭以前传统旧观点，对佛法轮回之说，加以抨击。以视汉儒以下经典注疏，殆可谓无甚多之创辟。然亦有义趣宏深，卓然超出于前人所获之上者。罗而述之，并可对宋 明儒之整个宇宙论及人生论，多添一番了解也。

九　周濂溪太极图说中之宇宙观

论宋代理学开始，首先必提及周濂溪之《太极图说》。此文未论及鬼神，然显然为主张一种纯形气的宇宙观，即所谓自然的宇宙观。宇宙不由神创，因此而主张纯形气的人生观。人在自然大化中生，不由神造。人死后，即其一生之气化已尽，亦将不复有鬼。《太极图说》云：

> 无极而太极，太极动而生阳，动极而静，静而生阴，静极复动。一动一静，互为其根。分阴分阳，两仪立焉。阳动阴静而生水火木金土，五气分布，四时行焉。五行一阴阳也，阴阳一太极也，太极本无极也。五行之生也，各一其性。无极之真，二五之精，妙合而凝，乾道成男，坤道成女。二气交感，化生万物，万物生而变化无穷焉。惟人也，得其秀而最灵，形既生矣，神发知矣。

此显然为濂溪会合儒、道两家，又会合了《易》家言阴阳，与阴阳家言五行之两派，而归纳成一番最扼要简净的宇宙原始论与人生演化论，而终则归纳到“形既生矣，神发知矣”两语，此证濂溪亦如子产、荀况，不信人生前先有灵魂，则死后无灵魂，亦不问可知。惟濂溪此文，究竟是自然的意味重过了神的意味。换言之，乃是《老子》与《淮南子》的意味重过了《易系传》与《小戴记》的意味。亦即是道重于儒的味。因此下面遂引出二程与横渠，对此偏胜，颇有纠挽。

十　二程的鬼神论

在濂溪书中，不再谈到鬼神字。继此而重新提出“鬼神”二字作讨论者，为二程与横渠。朱子《近思录》选辑二程、横渠论鬼神各节，编入“道体门”，此层极可注意。简切言之，可谓宋儒对鬼神，只当作一种道体看。

明道说：

> 上天之载，无声无臭。其体则谓之易，其理则谓之道，其用则谓之神。

宇宙间形形色色，皆属具体的形而下者。而宇宙则是一个动的，此一动，则是形而上的，抽象的，因其有一种所以动的性能在。此种性能，宋儒常目之为宇宙之本体，而明道此处只称之曰“易”。易即是一阴一阳。《易系传》说：“一阴一阳之谓道”，故明道此处说

“其理则谓之道”。此大易之体，所以能一阴一阳，发生出种种妙用来者则谓之“神”。明道此处“神”字，仍是沿用了《易系传》中的神字。明道此一节话，正可作为《易系传》之注疏看。但较之濂溪《太极图说》，已略去了阴阳家五行一派，而增入了《易传》中所特别提起的一“神”字，又补出了《易传》中所未有的一“理”字。此“理”字，乃此下宋 明儒最所吃紧研讨的一观念。惟追溯渊源，则从魏 晋时王弼、郭象以来，已经郑重提出。此处可见为宋代理学辟路者，固在濂溪，而为宋代理学立基者，则必属于明道。

伊川说：

> 易说鬼神，便是造化，只气便是神。

此处所谓“造化”，即是朱子《近思录》所谓之“道体”，其实造化亦只是一气在变动。伊川说：“只气便是神”，可见并非有神在创出气，变动气。而神乃是此气所内涵自有之一种性能也。此一分辨极重要。二程之所以异于濂溪者，便在此。

因此伊川又说：

> 以形体谓之天，以主宰谓之帝，以功用谓之鬼神，以妙用谓之神。

如此说来，天只是一形体，此形体中自有主宰，并非在形体外另有主宰此一形体者。故天与帝实是同此一形体，只是分而言之，各有所指而已。此一形体，有主宰，同时亦有功用。此种功用则谓之鬼神。若小言之，人身亦是一形体，我们称之曰“人”，或曰“形”。在此形体中，亦自有主宰，我们称之曰“心”，或曰“性”。决非在身形之外另有一心或性来主宰此身形。此身形，既有主宰，亦有功用。人身之种种功用，亦可称为鬼神。可见鬼神即见在人生时，非在人之生前与死后。此种功用之妙处则单称曰“神”。“神”即合指鬼神言，犹之“乾”即合指乾坤言，“性”即合指性情言。

明白得这一条，便可明白上一条。伊川此两条分别“鬼神”字与“神”字，显然仍是先秦与汉儒之经典旧谊，已详上篇，不再释。

所以伊川又说：

> 鬼神者，造化之迹也。

迹只是天地造化存留下的一些痕迹。如人行过，地下留有足迹。《中庸》说：“所过者化，所存者神。”宇宙大化，一幕幕揭开过去，其所存影像，却如神一般。伊川此语，只把《中庸》语倒转说。

伊川又说：

> 有理则有气，有气则有数。鬼神者，数也。数者，气之用也。

此一条，说来更具体。大化一气运行，有伸缩，有消长，此皆是数之不同。如阳气多了些，或阴气多了些。一阴一阳之变化无穷，即是造化天机，其实则只是气之聚散阖辟，在分数上有不同。若有气无数，则不能变，造化之机便窒塞了，不再有造化了。其实所谓鬼神，只是那大化之气在一消一长，一伸一缩，只是气之在数量上有变化不同而已。所以鬼神乃是宇宙间一种形而上的抽象的妙用。

因此伊川又说：

> 只气便是神。今人不知此理，才有水旱，便去庙中祈祷。不知雨露是甚物，从何处出，复于庙中求耶？名山大川，能兴云致雨，却都不说着，却于山川外木土人身上讨雨露。木土人身上有雨露耶？世人只因祈祷而有雨，遂指为灵验，岂知适然。

此一条，落实到世间所认为鬼神的一边来。其实宇宙间那有如世俗所想像的鬼神。世间仅据偶然事、适然事，而遽信为有鬼神了。所以要格物穷理，才能真知宇宙之神。此即所谓“穷神知化”，亦可说知化了始是穷神也。

> 或问鬼神之有无，曰：“吾为尔言无，则圣人有是言矣。为尔言有，尔得不于吾言求之乎？”

根据此一条，可见二程显然主张无鬼论与无神论。惟谓圣人有是言，当知在春秋前《诗》《书》中，确言有鬼神。春秋后《论》《孟》《易传》《戴记》之类，并不曾明白主张有鬼神。宋儒不效汉以下经师仔细分疏，因此只说圣人有是言。惟明知圣人有是言，而今仍不肯言其有，则二程之不信有鬼神，其态度更鲜明易见了。

> 问神仙之说有诸？明道曰：“若说白日飞升之类则无。若言居山林间，保形炼气以延年益寿，则有之。譬如一炉火，置之风中，则易过。置之密室，则难过。有此理也。”
>
> 又问：“扬子言：‘圣人不师仙，厥术异也。’圣人能为此等事否？”曰：“此是天地间一贼，若非窃造化之机，安能延年？使圣人肯为，周孔为之矣。”

此两条，由鬼神推论到神仙与长生。明道不信神仙长生，却信可延年。此亦沿袭魏 晋人意见。但他说延年乃是窃造化之机，是天地间一贼。可见格物穷理，只是要明造化，要穷宇宙之神，不是要违造化，窥窃造化之机来为私人延年益寿。

明道又说：

> 此所以谓万物一体者，皆有此理。生则一时生，皆完此理。人只为自私，将自家躯壳上头起意，故看得道理小了他底。放这身都在万物中，一例看，大小大快活。释氏以不知此，去他身上起意思。

又说：

> 释氏其实是爱身，放不得，故说许多。

明道意，佛家轮回之说，只从身上起意，主要是爱身，是自私。若真格物穷理，则该穷此宇宙万物一体之公理。若穷得宇宙间万物一体之公理，那会信有永远为一己所私有的某一种灵体呢？明道本此见解，所以不喜专为一己延年益寿着想。惟“万物一体”之说，最先亦出于先秦之惠施与庄周，仍与道家思想有渊源。

十一　张横渠的鬼神论

二程同时有张横渠。横渠论鬼神，有些意见似乎比二程更精卓。横渠说：

> 鬼神者，二气之良能也。

此一语，与伊川“鬼神者造化之迹”一语，同为此下宋 明儒所传诵。良能即犹说妙用。说鬼神是二气之妙用，较之说是造化留下的痕道，更见为意义深透活泼了。横渠又云：

> 鬼神，往来屈伸之义。

天地间，常是阴阳二气往来屈伸。往来屈伸是二气之良能，也即是鬼神了。阴阳二气往来屈伸，从外面看，即是天地造化之迹。故横渠语与伊川语，乃同一义，只说法深浅有不同。

横渠又说：

> 物之初生，气日至而滋息。物生既盈，气日反而游散。至之谓神，以其伸也。反之谓鬼，以其归也。

此一条，可以阐释前两条。可见宋儒论鬼神，其实还是与汉以下经师经典往疏差不远。

横渠又说：

> 天地不穷，寒暑耳。众动不穷，屈伸耳。鬼神之实，不越乎二端，其义尽矣。

天地间只是一气在屈与伸。屈是灭了些，此是一种回归运动，即是鬼。伸是添了些，此是一种生发运动，即是神。

横渠又说：

> 一故神。譬之人身，四体皆一物，故触之而无不觉，不待心使至此而后觉也。此所谓感而遂通，不行而至，不疾而速也。

所谓鬼神一屈一伸，并不是有一种鬼气，专在屈，专在作回归运动。另有一种神气，专在伸，专在作生发运动。屈与伸，回归与生发，其实只是一气。分言之，则称鬼神。合言之，则专称神。所以见其为神者，正为其是一体故。一体而能发生两种相反之用，而且相反又是相成，而永远为一体，所以说是神。惟其是一体，故相互间能感而通。

因其感而遂通，故才见其为神。故神必由天地万物之一体上见。若为体各别，互不相通，即不见其为神。世界其他民族之宗教信仰，则是要在此各别之体以外来另找一神，却不知此各别体之实质是一体。

横渠又说：

> 气有阴阳，推行有渐为化，合一不测为神。

此说造化即是神，并非在造化之先之外，另有一神在造化。乃因此造化本体自造自化，造化出宇宙间万异万象，而其实则合一无异，只是一体。故即此一体之自造自化之不测妙用而指名之曰神。

故横渠又说：

> 天地同流，阴阳不测之谓神。凡天地法象，皆神化之糟粕尔。

此一条，须与伊川“鬼神，造化之迹”一语合看。若合言鬼神，则鬼神乃造化之迹。若单言神，则天地间一切法象乃造化之迹，而此造化本身乃是神。然则鬼神实即是天地间造化之两种法象耳。此一层，此后朱子乃详发之。

横渠又说：

> 天下之动，神鼓之也。
>
> 天之不测谓神，神而有常谓天。

如是则天神合一，皆指此造化之本体言。言其有常谓之天，言其不测谓之神。在此造化不测之背后，好像有一物在鼓动其造化，其实则并无此一物，只是造化本身之自造自化，自鼓自动而已。今则指此自鼓自动者而谓之神。

横渠本此观点批评佛法。他说：

> 浮图明鬼，谓有识之死，受生循环，遂厌苦求免，可谓知鬼乎？以人生谓妄见，可谓知人乎？天人一物，辄生取舍，可谓知天乎？孔 孟所谓天，彼所谓道。惑者指“游魂为变”为轮回，未之思也。大学当先知天德，知天德则知圣人，知鬼神。今浮图剧论要归，必谓死生流转，非得道不免，谓之悟道，可乎？

此条仍本造化一体立论。果知造化之一体，由造化生发而有人，人必回归于造化。人那能专私擅有了这一身，不再向造化同归，而单由这一身自己在不断轮回流转，死后有鬼，鬼复转胎成人。这样便成为无造无化，宇宙间只是这些众生在各自永远轮回。明道说：“放这身都在万物中，不要从自家躯壳上头起意”，横渠此条，正是此意，只说来更明白。以后朱子再从此条又阐说，此乃宋儒论鬼神、辟佛家轮回一贯精义之所在。

十二　朱子的鬼神论

现在说到朱子。朱子所说更繁密，但大义只是阐述程、张，而又有些说得像汉以下经师的经典注疏语。朱子说：

> 人生初间是先有气，既成形，是魄在先。形既生矣，神发知矣。既生形后，方有精神知觉。子产数句说得好。

朱子论鬼神，还是推原到子产，此寥寥数语，已将子产原义，发挥透尽，并已增入后人注疏意见。所以朱子虽是一理学家，同时也像是一经学家。后来顾亭林要说经学即理学，正从朱子这些处作根据。

朱子又说：

> 鬼神不过阴阳消长而已。亭毒化育，风雨晦明皆是。在人则精是魄，魄者，鬼之盛也。气是魂，魂者，神之盛也。精气聚而为物，何物而无鬼神。

这些话，全合从来注疏义。可见鬼神即指人生时所有，不专指人死后。而且万物亦都有鬼神，不专人始有。

朱子又说：

> 神，伸也，鬼，屈也。如风雨雷电初发时，神也。及风止雨过，雷住电息，则鬼也。

此一条，即伊川“鬼神者，造化之迹也”一语之阐述。

朱子又说：

> 气之方来皆属阳，是神。气之反皆属阴，是鬼。
>
> 日自午以前属神，午以后属鬼。
>
> 日是神，月是鬼。
>
> 草木方发生来是神，凋残衰落是鬼。
>
> 人自少至壮是神，衰老是鬼。
>
> 鼻息呼是神，吸是鬼。
>
> 析木烟出是神，滋润底性是魄。
>
> 人之语言动作是气，属神。精血是魄，属鬼。
>
> 发用处皆属阳，是神。气定处皆属阴，是魄。

知识处是神，记事处是魄。

甘蔗甘香气便唤做神，其浆汁便唤做鬼。

朱子如此般具体的来指说神和鬼，其实仍是为“鬼神者，造化之迹也”一语作注脚。以较社会流俗意见，显然相违甚远了。今当再略加申释者有二事。阴阳虽若分为二气，而实合为一气，则鬼神之在宇宙间，虽若有其相异之作用，实则仍为同一之作用，非可以上帝与魔鬼视之，此一也。又曰：“鼻息呼是神，吸是鬼。”此如人生借吸纳外面以营养己体，此亦只是鬼道。惟凭己体立德、立功、立言于社会，向外贡献，乃始是神道。鬼神之为道虽属一体，但亦未尝不可加以分别。此二也。

又有人问：

“先生说鬼神自有界分，如何？”曰：“如日为神，夜为鬼。生为神，死为鬼。岂不是界分？”

又说：

只今生人，便是一半是神，一半是鬼了。但未死以前则神为主，已死之后则鬼为主，纵横在这里。以屈伸往来之气言之，则来者为神，去者为鬼。以人身言之，则气为神而精为鬼。然其屈伸往来也各以渐。

十三　朱子的祭祀论

朱子根据此一种鬼神观，再来转讲到祭祀。他说：

> 气聚则生，气散则死，然人死虽终归于散，然亦未便散尽，故祭祀有感格之理。先祖世次远者，气之有无不可知，然奉祭祀者，既是他子孙，必竟只是一气，所以有感通之理。然已散者不可祀，释氏却谓人死为鬼，鬼复为人，如此则天地间常只是许多人来来去去，更不由造化生生，必无是理。

朱子因认定鬼神只是二气之良能，只是造化之迹，因此再不能接受佛家的轮回说。若信轮回，则必然信因果。信因果，则必然把每个人各自分开，像各自有一条必然不爽的因果报应线，各自循此轮回，如此则宇宙变成了死局，再不见有所谓造化。这便与中国传统思想所谓万物一体，变化不测之大原则相违背。所以程 朱要说佛家乃从自家躯壳起意，只是爱身，只是一个私。朱子此条，仍是发挥张、程意见，而说来更透切、更明白。

朱子并曾屡屡提到此说，如他《答连嵩卿书》有云：

若如释氏说，则是一个天地性中别有若干人物之性。每性各有界限，不相交杂，改名换姓，自生自死，更不由天地阴阳造化。而为天地阴阳者，亦无所施其造化矣。是岂有此理乎？

又《答廖子晦》亦云：

乾坤造化如大洪垆，人物生生，无少休息，是乃所谓实然之理，不忧其断灭也。今仍以一片大虚寂目之，而反认人物已死之知觉，谓之实然之理，岂不误哉？

朱子此一条，根据儒家传统宇宙观来驳难佛家，最扼要、最有力。中国儒家思想，认此宇宙为一整体，为一具体实有，在其具体实有之本身内部，自具一种生生不已之造化功能。既不是在此宇宙之外之先，另有一大神在造化出此宇宙，亦不是在此宇宙之内，另有一大神在造化出许多各别实然的人和物。宇宙间一切人和物，则只是此宇宙本体之神化妙用所蕴现。若另换一看法，则宇宙间一切人和物，只是此宇宙造化所不断呈现出来的种种形。形只是粗迹，所谓形而下。而宇宙造化，总会看来，则只是一个“理”。朱子又说：

鬼神之理，即是此心之理。

因此心之理，即是由宇宙整体中得来，亦即是从宇宙整体中之鬼神之理得来。此心之用，亦即是由宇宙整体中化出，亦即是从宇宙整体中之鬼神之用化出。此鬼神之理表现到不可测处则谓之“神”。故朱子说：

以功用谓之鬼神，以妙用谓之神。鬼神如阴阳屈伸，往来消长，有粗迹可见者。以妙用谓之神，是忽然如此，皆不可测。忽然而来，忽然而去。忽然在这里，忽然在那里。

朱子又说：

所以道天神人鬼。神便是气之伸，此是常在底。鬼便是气之屈，便是已散了底。然以精神去合他，又合得住。

朱子论祭祀，则只是要把子孙精神来合他祖先已散的精神。朱子又因祭祀祖先推论到祭祀圣贤。他说：

此身在天地间，便是理与气凝聚底。负荷天地间事，与天地相关，此心便与天地相通。不可道他是虚气，与我不相干。圣贤道在万世，功在万世，今行圣贤之道，传圣贤之心，便是负荷这物事，此气便与他相通。人家子孙负荷祖宗许多基业，此心便与祖宗之心相通。

宋儒只因认宇宙是一大整体，所以说万物一体。因此，只要人能把心关切到此大整体，此大整体便可与吾心息息相通。如人负荷了此一身，用心关切此身，此身便与吾心息息相通。又如人负荷了此一家，用心关切此家，此家便与吾心息息相通。从前我的祖宗，关心此一家，我今关心我祖宗以前所关心的家，所以我心能与以前祖宗之心息息相通。从前圣贤关心此一宇宙，我今亦关心以前诸圣贤所关心的此一宇宙，所以我心也能与以前诸圣贤心息息相通。此即是鬼神之理，也即是祭祀能感格之理了。

十四　朱子的魂魄论

朱子之论鬼神与祭祀，其义具如上述。则朱子之论魂魄，其主要意见亦可推想而得。惟有须特提一说者。朱子《楚辞辨证》有论魂魄一条云：

或问魂魄之义。曰：子产有言："物生始化曰魄。既生魄，阳曰魂。"孔子曰："气也者，神之盛也。魄也者，鬼之盛也。"郑氏注曰："嘘吸出入者气也。耳目之精明为魄，气则魂之谓也。"《淮南子》曰："天气为魂，地气为魄。"高诱《注》曰："魂，人阳神也。魄，人阴神也。"此数说者，其于魂魄之义详矣。盖尝推之，"物生始化"云者，谓受形之初，精血之聚，其间有灵者，名之曰魄也。"既生魄，阳曰魂"者，既生此魄，便有暖气，其间有神者，名之曰神也。二者既合，然后有物，《易》所谓"精气为物"者是也。及其散也，则魂游而为神，魄降而为鬼矣。说者乃不考此，而但据《左疏》之言，其以神灵分阴阳者，虽若有理，但以"嘘吸之动者为魄"，则失之矣。其言"附形之灵，附气之神"，似亦近是。但其下文所分，又不免于有差。其谓"魄识少而魂识多"，亦非也。但有运用畜藏之异耳。

此处朱子分疏魂魄，仍一本子产，惟对后人解说，则有是郑《注》而非孔《疏》之意。郑《注》谓嘘吸出入者是气，气属魂，耳目之精明则为魄。朱子则谓"受形之初，精血之聚，其间有灵者，名之曰魄"，即是依郑《注》也。因朱子主理、气两分，耳目是形，必有其所以能精明者，朱子乃从郑《注》，以其间有灵说之也。其谓运用畜藏之异者，则似以“附气之神”即魂者为运用，以“附形之灵”即魄者为畜藏，是乃鬼神一体，惟其为用则异也。

朱子分疏魂魄意见，又有一节，亦在《楚辞辨证》，兹再节钞如下。朱子曰：

> 屈子“载营魄”之言，本于老子，而扬雄又因其语，以明月之盈阙。其所指之事虽殊，而其立文之意则一。顾为三书之解者，皆不能通其说，故今合而论之，庶乎其足以相明也。盖以车承人谓之载，以人登车亦谓之载。……但老子、屈子以人之精神言之，则其所谓“营”者，字与“荧”同，而为晶明光炯之意。其所谓魄，则亦若余之所论于《九歌》者耳。（**按即此节前一节所引。**）扬子以日月之光明论之，则固以月之体质为魄，而日之光耀为魂也。以人之精神言者，盖以魂阳动而魄阴静，魂火二而魄水一，故曰“载营魄，抱一，能勿离乎？”言以魂加魄，以动守静，以火迫水，以二守一，而不相离，如人登车，而常载于其上，则魂安静而魄精明，火不燥而水不溢，固长生久视之要诀也。其以日月言者，则谓日以其光加于月魄而为之明，如人登车而载于其上也。三子之言，虽为两事，而所言“载魄”，则其文义同为一说。故丹经历术，皆有纳甲之法，互相资取，以相发

明，盖其理初不异也。至于近世，而苏子由、王元泽之说出，皆以魂为神，以魄为物，而欲使神常载魄以行。洪庆善亦谓阳气充魄为魂，能运动。若如此，将使神常劳动，而魄亦不得以少息，虽幸免物欲沉溺之累，而窈冥之中，精一之妙，反为强阳所挟，以驰骛于纷拿胶扰之途，卒以陷于众人伤生损寿之域而不自知也。

朱子大儒博涉，此一节发挥方外长生精义，阐释古今异说，可谓语简而要。而其分析魂魄二字涵义，亦见邃深圆密。虽或有异于子产最先论魂魄之初意，而宋儒程 朱一派对宇宙观、人生观之要旨，实可由此参究。盖朱子对“魄”字，并不仅当作一死的物质看，故于苏、王、洪三家之说，皆所不契。魄固属于体质，而有赖于魂之光耀，但魂是阳动，魄是阴静，同属二气良能，则魂魄决非如神物之辨，可以分作两对而言者。换言之，亦不当如《庄子》外、杂篇乃及荀卿之所谓神形之别。盖形即寓神，物必有理，一物一太极，则魄虽属于形质，而自当有灵。朱子之所以特有取于郑玄之注语者，其用意亦由此而显。此亦后人之愈说而愈邃密之一例。惟朱子此条，本为道家言长生，与他处言魂魄，其间亦微有歧义，不可不辨。在子产，殆认为由形生神，《庄子·内篇》七篇，亦尚持此见。则魂之与魄，乃有一先后。而朱子此条，则说魂载于魄而行，如日光之照射于月；则从另一观点言之，如程 朱分辨“天地之性”与“气质之性”，亦常以物之受光与器之容水为喻，与此处解释魂魄之义亦正相类似。如此则魂之乘载于魄，已是魂在魄外；以此光加于魄而为之明，如人之登车而载于其上。岂不与子产“既生魄，阳曰魂”之义有歧？若就宇宙原始言，就每一人之最初生命言，应如子产之说。惟就既有宇宙言，或就既有人文世界言，则朱子此节所言之魂魄，亦未始不可如此说。而孔《疏》所谓“魄识少，魂识多”，亦未全为非。惟若误认魂魄为二非一，则又决非朱子本节之意耳。在子产，是那魄自能发光，其所发之光为魂。而在朱子，则以光加于魄而为明，如人登车而载其上。明儒罗整庵讥朱子之理气论，谓如人骑马上。不知人骑马上，即是魂载于魄之喻，非真认人马之为二也。

十五　黄干的祭祀论

朱子大弟子黄干，又申述朱子之论鬼神与祭祀，其说亦当引录。黄干曰：

诸人讲祭祀鬼神一段，盖疑于祖考已亡，一祭祀之顷，虽是聚己之精神，如何便得祖考来格？虽是祖考之气已散，而天地之间公共之气尚在，亦如何便凑合得其为之祖考而祭之？盖不知

> 祖考之气虽散，而所以为祖考之气，则未尝不流行于天地之间。祖考之精神虽亡，而吾所受之精神，即祖考之精神。以吾所受祖考之精神，而交于所以为祖考之气，神气交感，则洋洋然在其上在其左右者，盖有必然而不能无者矣。学者但知世间可言可见之理，而稍幽冥难晓，则一切以为不可信。盖尝以琴观之，《南风》之奏，今不复见矣，而丝桐则世常有也。抚之以指，则其声铿然矣。谓声在丝桐邪？置丝桐而不抚之以指，则寂然而无声。谓声在指耶？然非丝桐，则指虽屡动，不能以自鸣也。指自指也，丝桐自丝桐也，一搏拊而其声自应。向使此心和平仁厚，真与天地同意，则《南风》之奏，亦何异于舜之乐哉？今乃以为但聚己之精神而祭之，便是祖考来格，则是舍丝桐而求声于指也，可乎？

此一理论，仍然沿袭横渠、朱子，但又加进了新阐述。如黄干意，人生只如奏了一套乐，那身躯便如丝桐琴瑟，不凭丝桐琴瑟，奏不出乐声来。人死了，譬如丝桐琴瑟坏了，再也不出声。但若其人生时，曾奏出一套美妙的乐曲，那乐声流散在太空，像是虚寂了。但那曲调，只要有人谱下，后人依此谱再试弹奏，那曲声却似依然尚在，并未散失。所谓《广陵散》尚在人间，《南风》之奏，无异舜时，便是这道理。依此言之，所谓祭祀感格，也必所祭者其人生时，有一番作为，有一番精神，像有一套乐曲流传，后人才好依着他原谱来再演奏，使此乐声重现。大之如圣贤之负荷天地间事，小之如祖宗创建一家基业，乐曲有高下，但总之有此一调，便可以旧调重弹。所谓洋洋乎如在其上，如在其左右，其实还是那人生前所弹奏的那一调，那一曲。再用朱子鬼神界分说之，丝桐只是鬼，因丝桐必坏。乐声便是神，因乐声常留，可以重演。黄干这一番话中所用丝桐、手指之喻，本为佛家所常用。其实黄干之所谓乐声与《南风》之奏，也略如佛家之所谓“业”。惟佛家对人生消极悲观，把人生时一切作为，统称为“业”，佛家认为正因于此等业而陷人生于轮回苦海。儒家对人生则积极乐观，把人生时一切作为，看作如演奏了一套乐，人生无终极，便如乐声洋洋，常流散在宇宙间。

十六　王船山的鬼神论

以上约略叙述了宋儒二程、张、朱的鬼神论。此下明代，对此方面讨论较少，此文只拟拈举明遗民王船山一人再一叙述，作为本篇之殿军。

船山推尊张、朱，尤于横渠有深契，因此他对鬼神方面，也多所阐发。船山说：

形而上者，亘生死，通昼夜，而常伸，事近乎神。形而后有者，困于形而固将竭，事近乎鬼。

如此说鬼神，全属抽象的哲学名词，显距世俗所谓鬼神甚远了。他又说：

物之初生，气日至而滋息。物生既盈，气日反而游散。形则有量，盈其量则气至而不能受，以渐而散矣。方来之神，无顿受于初生之理。非畏厌溺，非疫疠，非猎杀斩刈，则亦无顿灭之理。日生者神，而性亦日生。反归者鬼，而未死之前为鬼者亦多矣。所行之清浊善恶与气俱，而游散于两间，为祥为善，为眚为孽，皆人物之气所结，不待死而为鬼，以灭尽无余也。

此一节，指出“神”乃属一种人生以后日生日长之气，并非在人生前，先有一神，如俗谓灵魂，投入人胎，亦非人生一堕地，即有一神附随人体。鬼则是人生以后日衰日反之气，亦非人死后才成鬼。即在人生时，已有日衰日反之气，则早有几分是鬼了。而亦非人死后其气即灭尽，人死后，不仅其尸骨不遽坏烂，即其生前作业，也不消散遽尽。前引黄干语曾以作乐喻人生，乐声不是可以余音绕梁，三日不绝吗？当知人之死，其平生善行，可以为祥为善；其生平恶行，可以为眚为孽；其生前之余气，仍游散于天地间，亦复有余音袅袅，三日绕梁之概。惟恶气眚孽，终不可久，必归消尽，而祥和善气，则不仅可以长存，并可引伸舒展，连带生出其他许多善行来，这便是鬼神之别了。

船山又说：

> 魄丽于形，鬼之属。魂营于气，神之属。此鬼神之在物者也。魄主受，魂主施，鬼神之性情也。物各为一物，而神气之往来于虚者，原通一于絪缊之气，故施者不吝施，受者乐得其受，所以同声相应，同气相求。琥珀拾芥，磁石引铁，不知其所以然而感。圣人感人心而天下和平，亦惟其固有可感之性也。

此由鬼神说到感通之理。船山谓魂魄拘限于体，而鬼神则往来于虚，故言感通者，必言鬼神，不言魂魄也。船山又云：

> 就其所自来，而为魂为魄，各成其用，与其所既往，而魂升魄降，各反其本，则为二物。自其既凝为人物者，和合以济，无有畛域，则为一物矣。虽死而为鬼神，犹是一物也。实一物也。以祭祀言之，求之于阳者，神也。求之于阴者，鬼也。是所

> 谓阴阳之灵也。思成而翕聚者，神也。未求之先，与求已而返于漠者，鬼也。是所谓至而伸，反而归也。

此条说魂魄在生前，可以认为是二物，也可认为是一物。鬼神在死后，同样可认为是二物，也可认为是一物。人死气散，合于冥漠太空，此即鬼者归也。待生人祭祀之，思成而翕聚之，由于致祭者之诚心思存，而受祭者之神气若复临现，此即神者伸也。此思成而翕聚者，与反归而合漠者，本是一气，故说鬼神是一。

船山又云：

> 阴阳相感，聚而生人物者为神。合于人物之身，用久则神随形敝，敝而不足以存，复散而合于絪缊者为鬼。神自幽而之明，成乎人之能，而固与天相通。鬼自明而返乎幽，然历乎人之能，抑可与人相感。就其一幽一明者而言之，则神阳也，鬼阴也。而神者阳伸而阴亦随伸，鬼者阴屈而阳先屈，故皆为二气之良能。良能者，无心之感，合成其往来之妙者也。若谓死则消散无有，则是有神而无鬼，与圣人所言鬼神之德盛者异矣。

此一节，仍本上节鬼神是一物之义，而引伸说之。天地间不仅神常存而鬼亦常存。正因人生后，经历了一番作为，显出了他一番能，所以死后，后人仍可感得。如推就历史言，古代世界与现代世界，实仍息息相通，所以得成其为历史与文化。当知古世界可以引伸出现世界，而现世界亦仍得感通到古世界，如此则古世界依然常存于天地间。此乃船山之鬼神合一论。

船山又云：

> 用则伸，不用则不伸，鬼而归之，仍乎神矣。死生同条，而善吾生者即善吾死。伸者天之化，归者人之能。君子尽人以合天，所以为功于神也。

此条略似朱子之言蕴藏与运用。一切归藏于冥漠者，只待人善为运用，仍可推陈出新，化朽腐为神奇，又引生出其他变化来。故船山曰“鬼而神”。宇宙引伸出万物，此为宇宙自然之化。而人能将其已化而过者，善而藏之，故有历史，有文化。人类自古积累之历史文化各项业绩，此属鬼。但人类又凭此引伸，故历史文化不啻成为后代人之一种新自然，则又转属神。故船山此处谓尽人合天，以为功于神，这即是“鬼而归之，仍乎神矣”之旨。

船山又云：

人之与物，皆受天地之命以生。天地无心而物各自得，命无异也。乃自人之生而人道立，则以人道绍天道，而异于草木之无知，禽兽之无恒。故惟人能自立命，而神之存于精气者，独立于天地之间，而与天通理。是故，万物之死，气上升，精下降，折绝而失其合体，不能自成以有所归。惟人之死，则魂升魄降，而神未顿失其故，依于阴阳之良能以为归，斯谓之鬼。鬼之为言归也，形气虽亡，而神有所归，则可以孝子慈孙诚敬恻怛之心合漠而致之，是以尊祖祀先之礼行焉。

此一节，仍伸鬼神合一之旨。所谓鬼者，乃指其神之有所归。此惟人道始能之，而万物不能，故曰“以人道绍天道”。盖船山力主人类历史文化乃可与宇宙自然合一相通者，此为船山思想中有创辟而重要之一义，亦即于其论鬼神之一端而可会也。船山又曰：

水之为沤为冰，激之而成，变之失其正也。沤冰之还为水，和而释也。人之生也，孰为固有之质，激于气化之变而成形？其死也，岂遇其和而得释乎？君子之知生者，知良能之妙也。知死，知人道之化也。奚沤冰之足云？

昔横渠有沤冰之喻，东汉 王充已说之，而朱子谓其近释氏。船山虽崇横渠，而其持论创说，并不一一遵横渠之旧。若以沤冰喻人生，则人之死，犹沤冰遇和而得释，而不知人生有其不释者。此犹如庄周之说薪尽火然。当知薪在火中尽，而人生如薪亦如火，有其尽，有其不尽。此与子产所谓人以强死而始得为鬼者，义又不同。船山之视历史文化，正是一化境，能与天地自然合一无间，此正《中庸》所谓“所过者化，所存者神”。亦是惟知其神，才能知其化也。

船山又曰：

> 太和之中，有气有神。神者非他，二气清通之理也。不可象者，即在象中。阴与阳和，气与神和，是谓太和。人生而物感交，气逐于物，役气而遗神，神为使而违其健顺之性，非其生之本然也。

此说人生，本是禀赋了阴阳二气中之清通之理而生，所以人生有气兼有神。但人生后，气逐于物，役气遗神，把此禀赋所得之神即清通之理随便使用，如是则神为形役，便失却了人生之本然。生时如此，死后可知。当其生时，神早不存，则死后又那得会有鬼？

船山又云：

> 鬼神之道，以人为主。不自慢易，而后容气充盈，足以合漠。异端唯不知此，草衣木食，凋耗其气魄，而谓之为斋；疲敝衰羸，且将与阴为野土者为类，亦恶以通神明而俾之居歆乎？

然则鬼神即是人生自然之理，故曰："善吾生，乃所以善吾死。"若人在生时，以气逐物，役气遗神，此固不当。但如方外佛释之徒，刻苦己生，草衣木食，凋耗其气魄，未尽人之生理，背乎自然，是谓不善归，又何能更生起神化？如此说来，则仍还是郑子产所谓"用物精多，则魂魄强，是以有精爽以至于神明也。"可见船山思想，虽较之子产若已遥为博大宏深，但大体仍是中国思想之大传统，前后一脉，精旨相通。故本文上引子产，下至船山，备列其所论魂魄鬼神之大旨，仅亦以明此一理论历久相传，递有演进，而首尾宛成一体。而其推衍所及，即在将来之人类思想文化史上，仍当不断有其作用，仍当不断另有所引伸发挥。固未可谓前人思想，早已死灭不存，而又未可逆测其演变之所终极、之所将止。此即是中国古人论鬼神一观念之当前一种具体的示例与实证也。船山云："鬼神之道，以人为主"，此一语更为扼要。故谓中国思想史中所有的鬼神观，其实尽只是一种人生观，并由人生观而直达通透到宇宙观。宇宙人生，于此合一，则亦所谓"鬼神之德，洋洋乎如在其上，如在其左右”也。

（一九五四年十二月新亚书院文化讲座演讲，原题为“中国哲学中之鬼神观”。一九五五年改写后刊载于是年八月新亚书院《学报》一卷一期，改题今名。）

儒释耶回各家关于神灵魂魄之见解

西方古民族，均有对于人死以后灵魂存在之信仰，如古埃及人谓人死灵魂即离肉体之躯壳而去，若他日灵魂重返躯壳，其人仍可复生。彼邦古代对于金字塔之建造，木乃伊之保存，均由此一信念而起。其民族精力财力，消靡于此一信念者甚大。纵谓古埃及文明之不克久久延续，由于此一信念之影响，亦不为过。

其次如古希腊人，亦有灵魂信仰。苏格拉底云："死是灵魂与肉体之分离。"又说："哲学家在使灵魂不与肉体融合。"故苏氏生前，颇尚苦行，及陷狱中，临死泰然，殆均与此一信念有关。

柏拉图亦云："死是使灵魂摆脱肉体之羁绊。"又说："真正的哲学家，时时要使灵魂解脱。"大抵苏氏与柏氏，均信惟有哲学家死后，其灵魂能离开肉体，去到一个眼不能见的世界，与诸神共处。自余灵魂不纯洁，生前留意肉体，死后将变为鬼，出入坟墓中，或入动物体内，为驴为狼，悉依其生前性质为定。

如是，则灵魂应是先在者，谓在其人肉体未生以前，已有此灵魂。又灵魂是不灭者，谓其人肉体既死之后，此灵魂仍存在。是佛家之轮回说、投胎说，在希腊古哲人中，亦有此等类似之意见也。

惟亚里士多德对于灵魂之意见，较与苏、柏两氏不同。亚氏分别心与灵魂，谓心之地位高过灵魂，以其较少与肉体联结。人之肉体死后，灵魂之其余部分，亦相随同死，而惟心独可以不死。此一说法，若细阐之，似可与中国古人思想较为接近。

较后于希腊，创始于犹太的基督教，乃及更后起之回教，同样信有天国，信有别一世界存在，同样把灵魂与肉体分开。即至近代西方哲学兴起，远从康德以来，其思想路径，都仍沿袭此一传统，故多把世界分成两截看，一为永恒的，一为变灭的。或说一是精神的，一是物质的。近代西方哲学界唯心、唯物之争，其实亦仍是古西方人灵、肉分别观之变相也。

惟印度佛教不立灵魂义。此可谓在世界各宗教中，乃一种独特仅有之见解。佛教信有六道轮回，有饿鬼道，有地狱道，有畜生道，有阿修罗道，有人间道，有天上道。此六道众生，轮回六趣，具受生死。因此在佛教教理中，同样有人、有鬼、有天堂、有地狱，但却无灵魂转生之一义。盖众生皆由业因差别而分此六趣。“业”之一观念，实为佛教思想中一主要观念。一切业皆由无始以来之无明造作兴起。然“无明”实与“法性”同体，迷即无明，悟即法性。佛家指点人由迷入悟，即可超脱轮回，达于涅槃境界。故佛家之所谓“法性”，既非即是其他宗教所信有之灵魂；而佛家所谓“涅槃”，亦非即是其他宗教所信有之天堂。大略言之，佛家思想，较之其他宗教，似与中国思想更为接近。

中国古代，似无如西方民族同样之灵魂观。春秋时，郑大夫子产曾云：“人生始化曰魄，既生魄，阳曰魂。”魄即指人之体魄言。人生先有此肉体，有了此肉体，才始有一种精气表见。此种精气表见，具有种种聪明智慧与作用。可见在人生以前，并非先有一灵魂，亦非如佛家所说，在人生前先有一识藏或识海之存在。惟文化人生究与自然人生有不同，此层可从明末王船山说推申。

人死后，此种精气即脱离躯体而游散。春秋时，吴 季札客葬其子，曾曰：“骨肉归复于土，若魂气则无不之也。”此即言人死后，其生前一段精气即归于游荡流散了。

但人死后此一段精气，仍可由其亲属生人，运用精气感召，而使死者之精气依附在某一物上而不使之遽散。故在中国特重祭礼。祭不于墓而在庙，庙设主，主用木，因其为死者精气所归依，故谓之“主”。谓死者游魂依此木为主，犹如游客之有逆旅主人也。

古希腊人，亦有灵魂如和声之说。或问：“琴断，声能仍在否？”苏格拉底答：“和声不能先琴而存在，但灵魂则先肉体而存在，故二者不能相比。”在中国亦有举弹琴喻祭礼之效用者。因子孙与父祖血统相近，情感亲密，故子孙临祭时一番孝思，精诚所感，可以重召父祖死者已散之魂气。犹如旧琴已毁，改张新琴，只要扣准琴弦，依照旧琴所弹之谱重新弹之，则旧琴遗声，仍可在此新琴上依稀复活也。

近代西方人复有将无线电收音机作喻者。一架收音机，可将太空声浪重新收摄播放。生人之脑，如一架收音机；死者之精神意气，则如太空声浪，虽已发散，实仍可收摄复现。

中国古人，又有薪尽火灭之喻。谓体魄朽坏，则魂气游散也。故南朝 梁臣范缜辟佛，有《神灭》之论。既主神灭，则死者魂气不复存在。然亦可言薪尽火传。此谓前薪虽尽，只要后薪接续，则火终不灭。犹如琴不常好，旧琴坏，重播新琴，而琴声亦终存在。长江后浪逐前浪，世事新人接旧人。浪花幻灭而江流不断。此为中国人见解，此乃一种人文历史的见解，与宗教家之灵魂不灭论大异其趣。

中国古人又谓，人死魂散，而不遽散。在其初死未散以前，或可有某种作用与现象之出现，此等作用与现象，则称为“鬼”。故“鬼”与“魂”二字，在中国用法，通言之则可合为一，析言之则当分为二。春秋时，郑 子产与晋大夫赵景子论伯有为鬼一节，即备言此意。然鬼之作用，必有时而尽。生人对于死者魂气之感召，亦有时而绝。故春秋时人有谓“新鬼大，故鬼小”，此谓历时既久，鬼亦必萎缩而尽也。古人祭祀之礼，小宗五世则迁，因子孙亲属，五世而后，与其祖先年代不相接，感情不相通，祭祀感召，即无灵验。则人死为鬼亦暂时事，终必澌灭以尽，不能在人世常有其作用。

“神”则与“鬼”不同，论其大端有二：

一、就精神感召言。普通祭祀感召，只限家庭血属之间。若生前不相亲，死后即无从感召。但如忠臣、义士、孝子、节妇，其人生前有一段精气，感人至深；即在其死后，虽非其血属亲人，只要意气相通，心神相类，亦可相互感召。其著者如关、岳之神，在彼身后，受人崇拜，历久弥新，百世而下，俨然如在；凡有忠义之气之人，对其遗像一瞻拜，对其事迹一回溯，便觉其人凛然在吾心目间，此等人虽死犹生，故谓之神。神之作用，广大悠久，与鬼之仅能通灵于其家庭亲属之间者不同，一也。

二、就魂气作用言。古来大伟人，其身虽死，其骨虽朽，其魂气当已散失于天壤之间，不再能抟聚凝结；然其生前之志气德行，事业文章，依然在此世间发生莫大之作用。则其人虽死如未死，其魂虽散如未散，故亦谓之神。周公定宗法，小宗五世则迁，大宗百世不迁。文王为周王室奉祀之大宗，周室绵延八百年，常宗祀文王，文王生前之魂气，实能于其死后时时昭显其大作用。故文王身后，为神不为鬼。此其赫然常在人心目间者，实与仅能啸于梁，降于某地，凭于某人之身而见呼为鬼者之作用，大异不同，二也。

上举二义，实仍一贯。凡死人之精神意气，苟能与后代生人相感召，生作用，此即人而为神也。

人之生，因具体魄，遂生魂气。精爽灵明，则为魂气所内涵之德性。此在有生之物，无不有之，而惟人为最灵，故曰人为万物之灵。惟其灵，故能心与心相通，情与情相感。人之聪明正直，率本此灵，而人中之圣，尤能妙极此灵，竭其感通之能事。不仅化其生前，既能推而达致于邦国天下，并能及其死后，上通千古，下通千古，郁之为德行，畅之为事业，华之为文章，使其魂气乃若常在天壤间。春秋时，鲁大夫叔孙豹，以立德、立功、立言为三不朽，因惟有立德、立功、立言之人，其身虽死，其所立之功、德、言则常在人世，永昭于后人之心目，故谓之不朽。人能不朽，斯谓之神。人之成神，则全借其生前之一种明德，一种灵性。故既谓之“神灵”，又谓之“神明”。实则所谓神者，即是其人之明德与灵性之作用无穷不测而常在之谓也。

求之古人，立德之盛者如尧、舜，立功之盛如禹，立言之盛如周公。兼三者而益盛者为孔子。其人越数千年，至今如尚在。求之今人，如孙中山先生，其生前立德、立功、立言，岂不至今仍在人心目间。其人虽亡若存，故谓之不朽，谓之为神也。其实德、功、言三者，究极相通。苟非明德灵性，则三者俱无由立。亦有违其明德，背其灵性，生前作恶造孽，死后影响尚留，然此非其秘之不朽，只是其鬼之作厉。如袁世凯之为民国罪人，即其例也。只要社会重见光明，此等恶影响，终必消灭，仅剩恶名，供人吐骂。此之谓冥顽不灵，决非聪明正直、神灵常存之比。故其人死后之为神为鬼，为灵为厉，皆在其人生前之一转念间。此亦人心之灵一最好具体之例证也。中国古人之垂教深切明显如是，可不凛然使人知所戒惧奋发乎？故就中国古义言，人生实非有灵魂不朽，只是其人德性之不朽。中国古人，乃指其人之德性之能妙极其功用而称之为神灵也。

推此义言之，苟重视其功用，则不仅有生之物之在天地间，可有其功用；即无生之物，亦莫不有功用流行。大言之，如天覆地载，山岳出云气，江海孕百物，此皆有莫大功用。故中国古人亦莫不谓之有神灵。故中国古籍用神灵字，实近一形容辞，用以形容此人文世界与自然世界之某种功用常存言，非谓在天地间实有某神与某灵之存在也。

天人之际，死生之理，最为难言。宇宙万有，冥冥中是否有一创造主？人之生前死后，是否有一轮回流转之灵魂离此而投彼？此等皆非目前人类智力所能确切指证以明定其无疑义。惟有中国古人对于神灵魂魄之见解，较近常识，适合人道。例证显明，易于起信。若果循此修持，肉体虽有死亡之日，而精神可以常在不朽。若真有上帝灵魂，中国人此一套修持方法仍可照样奉行。若无上帝灵魂，中国人此一套修持方法亦复依然有效。孔子曰：“未知生，焉知死。”庄子曰：“善我生者即所以善我死。”此即《中庸》所谓“尊德性而道问学，极高明而道中庸，致广大而尽精微”，此实一套彻上彻下，贯死生而通天人之至理名言也。

（一九五六年八月五日钱穆应蒋公垂问之未定稿。刊载于一九五七年三月中华文化出版事业委员会《学术季刊》五卷三期。）

再论灵魂与心

原始人生活，身为主而心为副。心机能完全附属于躯体，只为躯体服务，能获饱暖安逸则止。待及历史文化人生活，则心为主而身为副。心机能不复专为躯体服务。躯体获得饱暖安逸，始是心生活正式开始，身生活只为心生活之预备阶层。

其间一大跃进，端因人类有语言创始。其他禽兽，非不有群居集体生活；在群体中之各个体，亦非可谓其绝无心生活；只其所谓心，只属一种本能。心与心之间，仅以呜呼传达。严格言之，可谓心与心不相通。人类有语言，乃为心与心相通一大机能。语言传达曲折细微，此心之所感受，可以传达他心，使同有此感受；此心之所想望，可以传达他心，使同有此想望。于是此心乃不复拘束在各自躯体之内，可以越出此躯体而共通完成一大心。抑若非越出此躯体，亦将不成为一心。

换言之，此心主要生活，乃不专为躯体作仆隶，而在己心、他心，心与心之间作共同之会通。躯体觉饿则心不安，躯体觉寒则心不安，原始心生活仅止此。此乃原始生活中，心之职责所在，非可谓真有心生活。心有真生活开始，乃在不专当躯体仆隶。他心喜乐，己心亦喜乐。他心忧郁，己心亦忧郁。此种喜乐忧郁，可以不关一身事。当在此身已获温饱，此心职责已尽，心安无事，乃始感到种种不属此一己躯体之喜乐与忧郁。此等喜乐忧郁，始属“心”上事，不如饥饱寒暖之仅属“身”上事。若人生仅求温饱，此外心更无求，则人生亦如禽生、兽生，无其他意义可言。

人类有文字，乃为心与心相通第二大跃进，第二大机能。文字传达，较之语言传达，可以更细微、更曲折、更深挚、更感动。不仅远地人可用文字传达，异时人，乃至数百千年以上以下人，文字在，即此心在，此心仍可传达。于是一人之心，可以感受异地数百千里外、异时数百千年外他人之心以为心。数百千里外他心之忧喜郁乐，数百千年前他心之忧喜郁乐，可以同为此时此地吾心之忧喜郁乐。吾心之于他心亦然。吾心有忧喜郁乐，亦可使数百千里外、数百千年后之他心，亦与吾同其忧喜郁乐。此始为吾心之真生活、真生命所在。较之吾躯体暂时之饥饱温寒，与他躯体各别不相关，其间相距，何啻天壤。

故欲研讨人生问题，首当知人生有两世界。一物质世界，身生活属之。一心灵世界，心生活属之。此两世界并不能严格分开，但亦不当混并合一。心灵世界似乎必寄附在物质世界上，但人生所能有之心灵世界，实较其所能有之物质世界，远为广大悠久灵活而高明。身生活范围有限，心生活范围无限。身生活差别甚微，心生活差别甚大。身生活乃暂时的，心生活可成为永久的。孔子“饭疏食，饮水，曲肱而枕之”。颜渊“居陋巷，一箪食，一瓢饮”。就物质生活言，此属一种极低度之生活，人人可得。但孔子、颜子在此物质生活中所寓有之心生活，则自古迄今，无人能及，乃亦永久存在，永使人可期望在此生活中生活。

但自原始人转进到历史文化人，人类生活，不免分向两途发展，一则仍重物质生活，尽量向物质上谋求，一则转向心灵生活，改向心灵上完成。西方人生，比较属前一型。中国人生，乃深进入后一型。如希腊人雕刻，重裸体像，直至近代西方，描述女性，首言三围。衣服以贴身或露体为美。中国人重画像，不重雕像；画像重传神。顾恺之作人像，颊上添三毫，便觉神明殊胜。穿衣服，求能掩蔽体状，自具一种美。希腊人建筑，坚固精致，至今尚巍然存在。中国同时代建筑，迄今荡无一存。由希腊上溯至埃及、巴比仑，亦复如是。埃及有金字塔，有木乃伊，中国尧、舜、禹、汤，尸骨坟墓，全已无存。

中国人重心灵生活，故知重语言文字，胜过其他之一切。既曰“同声相应”，又曰“声教讫于四海”。此“声”字即指言语。既曰“书同文”，又曰文章、文化、文教。中国人认为凡人类一切心与心相交相通，而成为人文社会之种种建设，其本皆从人类有文字来。就语言论，流通之广，莫如中国语。就文字论，传播之久，亦无如中国字。西方如希腊、罗马，语言文字皆不同。近代西方，英、法、德、意诸邦，其语言文字，不仅与古希腊、罗马相异，同时相互间亦各不同。可证西方人在此方面，不如中国人看重。

由于语言文字而影响及于人心，中国人心量宽大，西方人心量狭小。由于语言文字相通，故心与心亦易相通，遂使中国如一人。不仅空间上同时能使中国如一人，即时间上三千年来文字如一，更使三千年相传之中国如一人。三千年前之人心，尚存在于三千年之后。如今人读《诗经》，三千年前人之忧喜郁乐，凡其心中所存而流露于诗句中者，今人读之，无不一一恍然如在目前，怦然如在心中，读两三千年前人书，不啻亲承其謦欬，亲接其谈吐。故若真为一中国读书人，其心生命每可植根浚源于三千年之前。其心生活可以神交千古，亦可以心存百代。凡属人心所在，可以与我文字相通者，斯彼心即成我心，我心亦为彼心。心灵世界中之生命与生活，殊不当以物质世界中之生命与生活相衡量。

譬之如声音，如光色，弥漫空中，一去不返，为人耳目所不睹不闻。只用一机械，由电摄取，由电播送，此声光即重现在人耳目前。而文字之为用，犹胜电之为用远甚。电只用于物质界，而文字则使用于心灵界。人类之心灵生命与其心灵生活，乃可一一摄入文字。人能识字读书，乃可使人深入心灵界于不知不觉中。

抑且中国文字，又能摆脱语言束缚，而更益善尽其功能。西方文字随语言变，传递数百年，活文字即逐渐转成死文字。中国文字不然。近代人读三千年前之古诗，活泼新鲜，一如昨日。杜工部诗：“读书破万卷，下笔如有神。”中国人喜言“神来之笔”。此种神，即是其人深入心灵世界中，而沉进于心生命、心生活之深处；其一己之心灵，已非当身物质界人生之所能拘缚与影响，而一若有神寓乎其中。此决不指诗笔之技巧工拙，乃是此诗所寄之心灵之能上通千古，下通千古，而所以成其神。

杜诗又云：“高歌但觉有鬼神，饿死不知填沟壑。”饿死填沟壑，乃物质界、身生活方面事。高歌有鬼神，乃心灵界、心生活方面事。生活既深入心灵界，自会把物质界方面淡忽了。中国文学人生如此，艺术人生亦如此，道德性理人生更如此。至于物质人生，则苟合苟完苟美，每知适可而止。近代西方自然科学突飞猛进，使中国瞠焉在后。然如印刷术，远在中世纪，已为中国人发明。中国人非无物质发明之智慧，乃是兴趣不属。亦可谓乃是其生活在另一天地中，心灵为主，物质为奴。主人方安居，自不愿为仆隶多费心力。

西方人于心灵人生未获满足，乃求补偿于灵魂信仰。人之前生过去世是否有灵魂，仍属一谜。但纵使有灵魂，灵魂与心不同。躯体是隔别的，灵魂亦是隔别的。心与心贵能相通，合成一大心，此即成一心灵世界。人能进入心灵世界中生活，每一人之躯体小我，亦各得在其心灵上，转成为一大我。灵魂进入天堂，在天堂中生活，仍是每一灵魂各别生活。故天堂生活，当仍与尘世生活无大异。西方个人主义，即从其灵魂信仰来。中国人生活理想，则贵心心交融，两心化成一心。如父慈子孝，父与子各别是一我，但慈孝之心则互通为一。此心在孔子谓之“仁”。仁即在尘世中。家庭有此仁，此家庭即如一天堂。社会有此仁，此社会亦即如一天堂。此是一道德天堂。千百年前古人，仍可与千百年后今人心相通。千百年前古人，即如仍生活在千百年后人心中。古人在现社会依然存在显现，则称之曰鬼神。此非古代人之灵魂之各别存在，各别显现之谓。鬼神乃由古人生活在心灵世界中，今人亦进入心灵世界生活，遇见古人心灵，乃见其为一存在，一显现。此为鬼神之存在与显现，断非是灵魂之存在与显现。

中国人死去，其子孙后人作一牌位，即称“神主”，安置家中，子孙后人见此牌位，即如睹先人，引起纪念回想种种心灵活动，则若鬼神之如在其上，如在其左右。故鬼神乃属人在心灵世界中生活之所感触，所想像，而灵魂则属生活在物质世界中人所想像。在物质世界生活中，彼我为父子，然仅此一世而止。在前世，在后世，此两灵魂，即不复为父子，彼此无甚深关系。灵魂与灵魂，惟各别与上帝有关系。耶稣教人当以爱上帝之心来爱其父母。此当是人对人不能直接有爱，必透过上帝而有爱。换言之，则是心与心不能直接相通，亦必透过上帝而始得其相通。

西方人言爱，乃偏重到男女之爱上去。原始人即有男女之爱，禽兽亦有雌雄之爱。然河洲之雎鸠，仅能关关和鸣，自不如人之能喁喁细语。心相通而后爱则深。由此分向两路，中国人由爱转仁，进向心灵世界中生活。宗教信仰亦可谓是一种心灵生活，然标准教徒必主独身，如天主教之有神父、修女。盖男女之爱，亦属物质世界生活中事，不足代表心灵生活也。

西方自文艺复兴，都市兴起。循至今日，自然科学多为物质世界服务，而宗教势力亦渐衰退。人类之心灵生活，在西方乃更式微。中国人慕效西方，急求在物质生活上急起直追，推原祸始，乃认为中国人在心灵生活中沉浸已久。塞源拔本，首主文字改革，唱为白话文，力求文字现代化，庶可杜绝其与古人之通道。如是则心灵生命并归一源，惟知有当前之现代，四围之物质界，乃不知有历史文化之悠久生命，与夫天地自然之广大生命。斯其为祸之烈，恐终有不可胜言者。

然心灵生命，本当与物质生命并存并荣，本当以当前现实人生为对象。前古人心，与当前人心，乃至往后人心，本可一气相通，自然形成一大生命。即认为一切在进步中，前古人心如童蒙，则人生本自童蒙进步而来。果使遗弃割绝了已往童蒙时期，其人将永远为童蒙，否则为一精神病者，当入疯人院。今日吾国人，已不惜以童蒙自居，乃无如此现世之中风狂走，亦将归入疯人院中何。

物质人生，不能使人人尽为大亨巨富。心灵人生，亦不能使人人尽为大圣大贤。然而物质世界，终属分别占有。心灵世界，则属共通享受。庄子言："鷦鷯巢林，不过一枝；鼹鼠饮河，不过满腹。"此指物质世界之生活言，教人勿无限求进。但心灵世界则不如此。心灵世界乃是广大宏通，悠久无疆，一入其中，人可各得满足，而又欲罢不能。窃谓中国古籍，早已开此境界，亦无奈吾今日国人之相率过门而不入，裹足而不前也。

（一九七五年三月《中央月刊》第七卷第五期，原题为"谈心"。）

重申魂魄鬼神义

中国民族传统文化中，独不自创一宗教。中国人亦无与其他民族同样之灵魂观。此两事乃有甚深关系。中国人独于人心有极细密之观察。中国人常以性、情言心。言性，乃见人心有其数千年以上之共通一贯性。言情，乃见人心有其相互间广大之感通性。西方希腊人好言理性，此仅人心之一项功能而止。中国文化之最高价值，正在其能一本人心全体以为基础。中国古人常兼言“魂魄”。《左传》乐祈曰：“心之精爽是谓魂魄。”是魂魄亦指人心言。故曰“心魂”，又曰“心魄”。又曰惊魂、断魂、销魂、伤魂，又曰诗魂、游子魂。此诸“魂”字，显皆指人生时之心。《水经注》：“瞰之者惊神，临之者骇魄。”《本草》：“安神定魄。”张耒诗：“萧森异人境，坐视动神魄。”《云笈七签》：“主管精魄谓之心。”此证凡诸“魄”字，亦皆指人生时之心。刘向《新序》：“龙降于堂，叶公见之，失其魂魄。”此“魂魄”字，明亦指当时之心。

中国人又常以心、身对言，而心更重于身。故亦每分心为二。有附随于身之心，有超越于身之心。中国人重其后者，不重其前者。《左传》：“子产曰：‘人生始化曰魄，既生魄，阳曰魂。’”此处魂魄字，即指人生时之心知。《小戴礼》：“形既生矣，神发知矣。”人之心知，其先乃附随于人之身躯而始有，故子产曰：“人生始化曰魄。”魄即指人之心知之附随于人身者。呱呱堕地即知饥寒，此皆魄之所为。《史记》：“郦食其家贫落魄，无以为衣食业。”无衣食之业则饥寒交迫，“落魄”犹言失其心知。惟其所失落，乃属体肤饥寒之知。又如言病魄、醉魄，皆有关于人身。《云笈七签》：“载形魄于天地，资生长于食息。”言形魄，亦犹言体魄。《左传》：“赵同不敬，刘康公曰：‘天夺之魄。’”不敬，乃属体之失形，故曰天夺之魄。故知中国“魄”字乃指人心之依随于形体者而言。

知己之饥，斯亦随而知人之饥；知己之寒，斯亦随而知人之寒。人之饥寒属于人之身，不属己身，而己亦知之，此乃人心超越于身之知。中国古人称此曰“魂”。江淹赋：“黯然销魂者，惟别而已矣。”伤离惜别，乃属人心之一种情感。亲朋之身，离别远去，与我身若无关。故知伤离惜别，乃属一种超越身体之知。刘勰《文心雕龙》：“形在江湖之上，心存魏阙之下，神思之谓也。”此种神思乃属魂，非属魄。惟此种知属后起，由附随于身之知发扬开放，乃始有之。子产曰："既生魄，阳曰魂。"如知饥知寒，其心幽于一身，故曰阴。由此发扬开放，乃能视人之饥寒一如己之饥寒，此心能超越己之形体以为知，斯其知乃始光明照耀，故曰阳。

《左传疏》："附形之灵为魄，附气之神为魂。"形是各别所私，气则共通之公。魄之所知属私，故仅曰"灵"。魂之所知，超于私而属于公，故异其名曰"神"。此两语分别魂魄两字极明晰。宋儒黄勉斋曰："耳目之所以能视听者，魄为之也。此心之所以能思虑者，魂为之也。"魏鹤山曰："人只有个魂与魄。人记事自然记得底是魄。如会怎地搜索思量底，这是魂。魂日长一日，魄是禀得来合下怎地。如月之光彩是魂，无光处是魄。"此两人言魂魄，亦皆就人心功能与其作用言，而魏氏言之尤深湛。由此可知，中国古人言魂魄，自先秦下迄南宋之末季，无不指言人生前之心知。惟有依随于身与超越于身之别。魂、魄之分即在此。

魏伯阳《参同契》有曰："阳神日魂，阴神月魄。魂之与魄，互为宅室。"月因日光以为光，故月属阴，日属阳。己饥己溺，此属形魄之知。人饥人溺，乃超越己之形体以为知。古人以前一种知归之形，乃是魄之所知。后一种知归之神与气，则属魂之所知。惟魂知仍必附随于魄知，故曰"互为宅室"。惟魄知人所易有，如伊尹知民饥民溺，犹己饥己溺之，由是而乐尧 舜之道。尧 舜之道在己身外，此等知乃属神气之知。尧 舜之道之在天地间，亦如神与气之充盈无不在。人若惟己身之知，则人道将暗塞不彰，故属阴。超越己身之知，乃可使人道光昌，故属阳。然如伊尹之知乐尧 舜之道，乃必附随于伊尹当身之知以为知，是亦“互为宅室”也。

《小戴礼》：“魂气归于天，形魄归于地”，此乃言及人之死后。人之生前，知饥知寒。及其死后，形归于地，魄亦随之归于地，不复有饥寒之知矣。魏鹤山有云：“魂散则魄便自沉了。今人说虎死则眼光入地，便是此理。”虎视眈眈，其眼光何等有神气！但虎死不复视，其眼光亦随之入地了。惟超越形体之知，则不随形体以俱没。如见父知孝，见兄知弟，此等知，属于阳，属于魂，乃不随形体同归失落。亦如大气之运行于空中，此等知亦常散播人间，表现于每一人之形体。《诗》曰：“孝思不匮，永锡尔类。”如尧 舜与周公之知孝父母，此等知乃不随身俱殁。后人之知孝父母者，不绝继起，乃若与舜、周公同一知，而且会不断引伸发扬。如舜之孝瞽叟，父母感格，其事尚在舜之一家。及周公孝文王，继志述事，影响及于天下。此下孝的故事，日益扩大普遍，而其影响所及，亦成为无微不至。故一人之死，乃死其身，死其附随于身之知。而别有超越其身之知，则可不死常在，而且引伸变化莫测。故曰：形与魄则归于地，魂与气则归于天。人之生，不仅有身，乃亦有气。不仅有魄，乃亦有魂。人之死，魄随形埋归于地，魂则随气散播于天。古人之魂气，仍可常在，流传于后世千万年之下，故曰归于天。

《左传疏》："魂魄虽是性灵，但魄识少而魂识多。"此明以魂魄说为人之性灵。如知饥寒是人性，知孝弟亦属人性。人心有灵能知，即其性。但知饥寒，必随身亡失。抑且饭而饱，即失其饥之知。衣而温，即失其寒之知。至于知孝弟，不因得父母欢心即失其知。抑且其身既没，其知犹存，并能绵延长存于千百世之后。此亦即"魄识少，魂识多"之意。

《易系传》："精气为物，游魂为变。"如言精诚、精识、精灵，亦言人之心知。沈约《神不灭论》："精灵浅弱，心虑杂扰。"言精灵亦犹言心虑。气则犹言形，物者万物，人为万物之灵，亦一物也。"精气为物"，犹言合心与身而为人。逮人之死，乃有不随人之身以俱死者，是为魂。魂亦心知，乃已超越人身，不随俱灭，乃若能离此死人之体而游于太空，又随后人之身而复活，故曰"游魂为变"。如舜之孝，变为周公之孝，又变为闵子骞、曾参之孝，又变为千百世下千万人之孝。凡此人文社会之文化传递，演进无极，皆是此游魂之为变。《小戴礼》亦曰："体魄则降，知气在上。"知气即游魂也。

若从人生论转入宇宙论，如《淮南子》云："天气为魂，地气为魄。"此谓人身之魄，属于地气。人身之魂，则属于天气。此亦犹言魄属阴，魂属阳。但所从言之微异其辞，不必拘说。庾开《神论》谓："天地者，阴阳之形魄；变化者，万物之游魂。"此一说更超豁。天地亦仅属一形体。若就形而下之具体平面观之，则天地亦只是阴阳之形魄；若就天地之无穷变化言，则皆万物之游魂为之。如此则不仅人类有魂，即推之万物亦各有魂。只从每一物之生命言，若仅见有形魄，各限于其体；若从万物大生命言，则此大生命乃贯彻流通于每一小生命之内，而各成其为游魂之转变也。

老子称魂魄为“营魄”，有曰：“载营魄，抱一，能无离乎？”注：“营魄，魂魄也。人载魂魄之上得以生，当爱养之。喜怒亡魂，卒惊伤魄。”陆机诗：“迨营魄之未离，假余息于音翰。”又曰：“营魄怀兹土，精爽若飞沉。”注：“经护为营，形气为魄。经护其形气，使之常存也。”此言形魄知饥寒，魂之为知，则知所以经营护卫之方。魏鹤山云“魄主受纳，魂主经营”是也。《云笈七签》：“形骸以败散为期，营魄以更生为用。”此皆沿用老子“营魄”字，然亦明指魂魄，非有他义。魂魄可分为二，故老子继之曰“抱一”。有附随于身之知，有超越于身之知，老子意，二者不当分离。然又曰：“能婴儿乎？”又曰：“为腹不为目，归真反璞。”盖以人文演进，主要在人之心，而尤主要者，则在人心之魂。老子之意，则在预戒其偏进之为害也。

如上所述，凡中国古籍言及魂魄，皆指其人生前之心知言。惟魄乃附随其身之知，魂乃超越于身之知，此乃其主要之区别。及人之既死，所谓鬼神，亦随其生前之魂魄而异。《易系传》：“精气为物，游魂为变，是故知鬼神之情状。”《小戴礼》：“宰我曰：‘吾闻鬼神之名，而不知其所谓。’孔子曰：‘气也者，神之感也。魄也者，鬼之感也。合鬼为神，敬之至也。’”此处气字即指魂，魄字即指体。中国古籍言魂常兼言神。《庄子》书：“解心释神，莫然无魂。”《后汉书·樊宏传》：“令臣魂神，惭负黄泉。”李端诗：“沉病魂神浊，清斋思虑空。”是也。言鬼则多指魄。王充《论衡》：“人死，精神生天，骸骨归土，故谓之鬼。鬼者归也。”骸骨指身言，斯魄亦随之归土也。《关尹子》：“明魂为神，幽魄为鬼。”又曰：“灵魂为贤，厉魄为愚。”又曰：“升魂为贵，降魄为贱。”可见人生兼有魂有魄，死乃为鬼为神，皆指人生之功能与变化，非实有其物，如世俗所想像也。

卢仝诗：“海月护羁魄”，羁魄犹言羁魂，乃言旅人之心神也。温庭筠诗：“冤魄未归荒草死”，冤魄亦犹言冤魂，然已在其人死后。可见魂魄字，生前死后皆可用。而此两诗皆用“魄”字，不用“魂”字。不仅为字音平仄，亦因羁旅之与战场死者，皆因身而言魄，更为妥惬也。张泌诗：“莫把羁魂吊湘魄。”湘魄指其沉湘之尸，羁魂乃指羁旅者之心情。此皆见诗人用字之斟酌。羁魂指生者言，湘魄指死者言，尤证魂魄字生死皆可用，而中国古人之魂魄鬼神观，亦可随处而得所证明矣。

亦有人死而确见其为鬼者，如春秋时郑人之相惊以伯有，子产释之曰："人生始化曰魄，阳曰魂，取物精多则魂魄强，是以有精爽至于神明。"《史记》张晏注引此曰："匹夫匹妇强死者，魂魄能依人为厉。"朱子释之曰："死而气散，泯然无迹者，是其常。道理怎生有托生者。是偶然聚得气不散，又怎生去凑着那生气，便再生。然非其常也。"又曰："游魂游字是渐渐散。若是为妖孽者，多是不得其死，其气未散，故郁结而成妖孽。"又曰："人有不伏其死者，所以既死而其气不散，为妖为怪。如人之凶死，及僧道既死多不散。若圣贤则安于死，岂有不散而为神怪者乎？"可见人死曰鬼，鬼者归也，乃言其无此物。至世间确见有鬼，中国古人亦不否认，不谓绝无其事，只谓是一种偶然变态，非事理之常而已。

朱子又曰："天地间一个公共道理，更无人物彼此之间，死生古今之别。若以我为主，则只是于自己身上认得一个精神魂魄有知有觉之物，即便目为己性，把持作弄，到死不肯放舍，谓之死而不亡，乃是私意之尤者。"此番言论，极为豁达开通。凡认人生前死后，有一灵魂转世，又或认死后灵魂可上天堂享乐，皆所谓私意之尤。故为悲观论者，乃谓人世是一罪恶，必有末日之审判来临。为乐观论者，则务求发展物质，供人身享受，以为人生进步端在此。此皆不识天地之大公理，与夫人类大生命之意义也。

世界各宗教中，与中国传统文化对于人生观念之较接近者，厥为印度之佛教。佛教亦无灵魂观。《魏书·释老志》称其要义，谓：

“生生之类，皆因行业而起，三世识神常不灭。”此言“识神”，略如中国人言人生前之魂。然中国人言魂不言转世，而佛教则言识神流转，于是有轮回；此则与中国人之人生传统观念大异。朱子又曰：“乾坤造化，如一大洪垆，人物生生，无少休息，是乃所谓实然之理。不忧其断灭也，今乃以一片大虚寂目之。而反认人物已死之知觉，谓之实然之理，岂不误哉！”此论专是针对佛教而发。人类生前之心，有能得人心之同然者。此为由心返性，即孟子所谓“尽心知性，尽性知天”，亦可谓之由人合天，是即由每一人生前之小生命转进到人类继继绳绳万世不绝之大生命中，而何复有断灭之忧！而人类此一短暂渺小之小生命，乃能寄存于大生命中，随以俱前，此可谓之至神。故小生命归入天地自然则谓之鬼，升进到大生命中而变化无尽则谓之神。中国古人之鬼神观，亦惟如此而止。

朱子又曰：“圣贤所谓归全安死者，亦曰无失其所受于天之理，则可以无愧而死耳。非以为实有一物，可奉持而归之，然后吾之不断不灭者，得以晏然安处乎溟漠之中也。”此论可以指斥其他民族所抱之灵魂观。至于佛教，则并求此三世流转之神识归于涅槃灭尽，以免轮回之苦。此虽与其他民族所抱之灵魂观若有不同，而其同归于挟持私意，违反自然，则一也。

苏子由有曰：“精气为魄，魄为鬼，志气为魂，魂为神。《礼》曰：‘体魄则降，志气在上。’众人之志，不出于饮食男女之间，与凡养生之资。其资厚者其气强，其资约者其气微，故气胜志而为魄。圣贤则不然。以志一气，清明在躬，志气如神。故志胜气而为魂。众人之死为鬼，而圣人为神，志之所在异也。”依苏氏言推之，凡务于物质之发展，竞求资生之厚者，其气强，一时若不可侮，而终不免使人生流入鬼世界。中国古人重魂轻魄，务求人人圣贤化，使人生如在神世界。而其气之不免趋于微弱，亦所当戒。故老子必曰“抱一”，魏伯阳言“魂魄互为宅室”，而《小戴礼》亦必曰“合鬼与神”也。孔子适卫，告冉有先富之，继以教。《管子》书言：“衣食足而后知廉耻，仓廪实而后知荣辱。”惟此衣食仓廪亦当有节制，非可如近代西方之自由资本主义，一意向物质享受、财货富利作无限之竞争。此乃中国传统文化一主要精义所在，古今一贯，乃迄最近世而变。然其为祸为福，为失为得，亦可不待久而知。殷鉴不远，即在当前之西方而可证。

中国民间，复有言神仙一项。朱子曰：“气久必散。人说神仙，一代说一项。汉世说安期生，唐以来不见说了，又说锺离权、吕洞宾，而今又不见说了。看来他也只是养得分外寿考，然而久亦散了。”是朱子对神仙传说，亦如其对言鬼厉，言托生转世；社会有此传说，尽不加否认，但明其非常道耳。《论语》：“子不语怪力乱神。”又曰：“敬鬼神而远之。”正亦此意。君子修其常，小人道其变。惟变终必归于无，此即是鬼。常自可通于久，此即是神。在神通悠久之中，亦自可包含有怪力乱神；而怪力乱神，终不能神通悠久。中国文化要旨即在此。

既言鬼神，自有祭祀。孔子曰："祭神如神在。吾不与祭，如不祭。"此处只言祭神，不言祭鬼。鬼属体魄，已降于土而归于无，自无可祭。故人之所祭皆属神。虽一庸人，当其生，若碌碌无所表其异，然其于子女，生之育之，抚之翼之，生前既心相通，死后必神相感。故古者不墓祭，独奉神主以供祭祀。神主即死者生前神魂所栖。死者之魂，何以能栖于此木？此乃父母子女心相感而若见其如此，所以谓之神。古有神主，无神像。像属形，已为鬼，然见像可以增思，故后世终不废。要之父母之死，其在子女心中即神也。故曰"已不与祭如不祭"。

朱子亦曰："所谓鬼神者，只是自家气，自家心下思虑才动，这气即敷于外，自然有所感通。"又曰："奉祭祀者，既是他子孙，毕竟只是一气，所以有感通之理。"由此言之，祭祀必兼重所祭与其主祭者。思虑未起，鬼神莫知。若主祭者漠不动心，何从召其所祭者来享？然则鬼神岂不仍在活人心中乎！故曰："神不歆非类，民不祀非族。"即山川之神，古人亦只祭其在己境内者。鲁人只祭泰山，不祭嵩、华之岳。若或祭之，嵩、华岳神亦不来享。民族文化必尊传统，其要义即在此。

王充《论衡》有曰："天下无独燃之火，世间安得有无体独知之精？”又曰：“天地之性，能更生火，不能使灭火复燃。能更生人，不能令死人复见。”王氏此言，乃主世间无鬼，却不能论世间无神。鬼以体魄物质言，神则以魂气精灵言。今姑以火为喻。火本非物，乃是一种燃烧作用。然燃烧起于一物，乃可蔓延及于他物。星星之火，可以燎原。人心亦然。心非物，然心之作用，则可起于一心而蔓延及于千万年亿兆人之心。从中国人言之，此种心作用，属魂，不属魄；乃神，而非鬼。惟不能凭空起火，亦必凭于物。故中国人常兼言魂魄鬼神。《庄子·养生主》亦曰：“指穷于为薪，火传也，不知其尽也。”薪即指此有涯之生，火乃指此无穷之生。薪为鬼，火则其神也。薪乃生之奴，火则生之主也。《庄子·外篇》又曰：“古人之书，乃古人之糟魄。”不知古人之书，乃古人精魂所寓，非糟魄也。今人读庄周、王充之书，尚若与此两人同坐而可上下其议论，则古人之意，何不可以言传？惟读古人书，贵能心知其意。若自心为糟魄，则亦无奈古人书何也。

（原载一九七五年六月一日、二日《联合报》副刊）

漫谈灵魂转世

中华民族没有和其他民族一般的灵魂观念，遂使中华民族有与其他民族特异之宇宙观、人生观，而形成其文化之特异演进，此层大堪注意。佛教东来，亦没有灵魂观，但其“业识轮回论”，实与其他民族之灵魂观，有可会合之处。或其“业识轮回论”，即从其他民族之灵魂观中脱胎而来，亦未可知。此层有待深究原始佛学者，作进一步之研讨，此不详论。

若如其他民族所言，人生前有灵魂，死后仍有灵魂，则与佛教理想涅槃真空之终极境界相违异。故佛教虽言投生转世，却不采灵魂转世之说。但其说“业识”，乃与其他民族言灵魂仍是小异大同。至于中华民族之传统观念，则认从宇宙界产生人生界，人生来自自然，亦回归自然，人生与自然之中间，更无另一存在。故每一人之生与死，只是一自然，其过程则全在人文界，遂以造成中华民族惟一看重人文精神之一项特出的文化传统。但自佛教传入，投生转世之观念，亦在中国社会中盛行，而灵魂观念，亦借此渗入，惟在高级智识分子中，则视此为俗说。

灵魂转世，是否真有其事，迄今尚不易得一确否之定论。犹忆在民国初年，余方弱冠，报载安南某地，一婴孩能自言其前世，乃系中国 山东省某县某村某姓，其家有妻有子女。安南方面曾致书山东某县，嘱加查询，均系实情。其时我浅见寡闻，深憾中国方面没有派人去安南更作查询。此后才知西方社会，如此等事，不断有考访纪录，至今益盛。灵魂转世，固尚未能信其必有，但亦不能疑其必无，此事尚待研究。但有一层可断言者，此等事，就中国传统文化言，乃与人生正道不相容。

即如那安南孩子，彼既不能重返山东，仍为人父，但也不能在安南某家中安分做一孩童。直要等他年事日长，把前世记忆全忘了，才能归到人生正道上来。做一日和尚，撞一日钟。做这一世人，便该专心一意在这一世做此世的人，不应再记忆着前世。灵魂是灵魂，人是人。那灵魂既已投进人生界做人，便该安分守己彻头彻尾做此世的人，不该还牵涉到那未为人前之灵魂那一面去。

人生短短百年，而灵魂则可以无限转世。中国社会迷信传说，前世两人是冤家，这一世却成为夫妻父子，正是一方对另一方报仇索冤。如此则灵魂界便来扰乱了人生界。耶稣教信有灵魂，所以耶稣教人该把爱上帝之心来爱父母。正因这一世彼是我父母，上一世，下一世，又不知是何关系。人生只如萍水相逢，灵魂则只与上帝有关系。但在中国，人只在此一世做人，更无前世、来世。彼则正是我此一世之父母，在彼亦并无前世、来世。彼之为我父母，天长地久、独一无二。我不尽孝，机会一失，百身莫赎。此身则只是此身，此世亦只是此世，人生可贵正在此。

又如佛家之说轮回，亦幸而只是一宗教信仰，其事秘密不为人知，并亦无从追究、证实。否则其父若前世是一猪，其母前世是一狐狸，其子前世是一狼，其女前世是一蛇，试问此世如何成得一家庭？亲戚乡党社会相知识人，或其前世是偷，是盗，是杀人犯，是流氓恶霸，如是等等，幸而不自知，又各不知，否则试问又何以相处？故真信轮回，还是出家为僧是第一正道。真信灵魂，则还是如西方中古时期始较是近理生活。惟有中国儒家提倡一套孝弟忠恕人生大道，安分守己，乐天知命，但究竟与宗教信仰灵魂、轮回诸说，有其不相融洽处。

今再问，亚当、夏娃偷食禁果，谪降为人，此两人则是先有灵魂，后始为人。其他人类，全由他两人衍生而出，应不是在天堂里早有此几十亿灵魂络续贬谪下地。佛说由人造业而有轮回，则亦非在未有人类前，早有轮回定局。故人不造业，则归涅槃世界，超出轮回，还于第一义空。在此方面，佛说是可交代了。但业何由始，佛家也只能说无始。而且，如猪如狐狸如狼如蛇，禽兽亦不能不造业轮回。若佛法大行，有福德智慧的，逐渐超出轮回，而其他众生，不易超脱。佛又说：我不入地狱，谁入地狱？众生不超脱，佛也不超脱。如是则此轮回，不仅无始，亦将永无终极。真超脱的，也只是些自了汉。又说到灵魂，若灵魂只在人生界，由人生而始有，则是否每一人定有一灵魂，死后上天堂，下地狱，或再转世为人。此层亦还得再究。

男女交媾受孕，只是一自然现象，似乎并不是有一灵魂趁在此时来投胎，而是为怀孕十月胎胞脱离母腹、呱呱堕地时，此另一灵魂乃始投入此婴孩身上转世为人。似乎一般灵魂转世说，只是如此。则试问每一人生时，是否定由一灵魂转世？今姑承认有灵魂转世，但究是极稀有之事，不知几万生命中，偶有一灵魂转世之现象出现，究不能以一推万，说每一人都是灵魂转世。人生是一常，灵魂转世是一变。今日人类知识所能承认者，似乎最多亦只能到此为止。

而且此另一灵魂之前世记忆，明是一客体；而此新生婴孩，始是此生命之主体。客体附进此主体，终将为此主体所克服而消失其存在。故凡灵魂转世，不久后，凡属前世记忆，必全归消失，那岂不是此另一灵魂也等于消失了。此后乃有此婴孩之正常生命，亦有此婴孩之正常心智。如前述民初那一安南小孩，势必逐渐忘却其为中国 山东某县某乡某老人，而确切明白其自己之身世，与对于四围父母以次家庭、乡里、国家、民族等种种之关系，此婴孩乃始自有其生命。今无端被一中国 山东某县一老人之剩余生命侵入此婴孩之生命中，而反客为主。此如一盗寇其入，屋中主人受其胁迫，暂时失却自由。这一现象实在要不得，故说其与人道不相容。今若承认此安南婴孩此下之生命乃是中国 山东某县一老人生命之延续，则整个人生皆将为之改观。只有末日清算，始是此世界正当之归宿。

故说灵魂与生命不同。此安南婴孩之生命，乃自其父母媾精时孕育而来。灵魂则是生命过程中一种心智意识作用，附随于生命，而不即是生命。当五十万年乃至一百万年前之原始人类，与近代人可谓同具有生命，但其心智意识则大不同。那时人，是否已有如后代人死后灵魂上天堂或下地狱等想像，自难悬揣。在其时，猿猴与人类生命至相近，是否远猴亦有灵魂？佛家之轮回论，认定生命只是一业，常此轮回，只入涅槃乃得无生。则一切蝼蚁蝗蛹，凡属生命，皆有作业，应皆在此轮回中。此一轮回势将成为极端复杂，无可究诘。但尽说蝼蚁蝗蝻亦有生命，有作业，有轮回，却不可谓其亦有与人相同之灵魂。此双方之信仰，又是谁真谁伪，谁可信谁不可信？

今只谓灵魂是生命中一种心智意识，而又自我观甚强者。如禽兽众生，亦可谓其有某种心智意识作用，但并不有甚强之自我观。似乎生命阶级愈高，则自我观愈强，而人类之自我观尤为最强，乃有所谓个人尊严。然若谓人生界之前后，尚有灵魂界，则人生界实如一戏台，灵魂界则如其后台。演剧者皆从后台化装出演，演毕仍归后台卸装。台前演戏，全非真我，全部人生，那得认真？帝王将相，圣贤豪杰，全属临时扮演，何尝有自我尊严可言？悲欢离合，啼笑歌哭，台下为之感动，台上人宁不自知其虚假？一俟归至台后，便全没有这会事。若人生界背后果有一灵魂界，则全部人生，百万年历史传递，岂不只如在演戏？此与人类所持有之自我尊严感，实不相容。耶稣说：凯撒事由凯撒管，上帝事由他管。人生界全属凯撒事，灵魂界始属上帝事。故凡属宗教信徒，则必具谦卑之德，亦必备出世之情。而中国传统文化精神，则彻头彻尾以人文为本位，灵魂观自所不能接受，而宗教亦不能由中国人自创。

今纵谓灵魂转世有其事。惟首当辨者，灵魂乃人生以后事，非人生以前事。换言之，乃是有了生命乃始有灵魂，并非有了灵魂乃始有生命。中国古人言魂魄，即在生命后，不在生命前，与其他民族所信之灵魂有不同。近代西方人研究灵魂转世，似乎偏重在考验其事之真伪，即灵魂转世事究否可信。今即信其确有，亦当继续追问何以有此事发生，即何以在人世间突有此灵魂转世之现象？却不当认为凡属人生，均系灵魂转世。换言之，即当问其人死后，何以有此灵魂游荡，而遂得投胎转世？却不能认为每一人死后，皆有一灵魂游荡，以待投胎转世。

即如民初山东某县某老人投胎安南转世复生，即当注意查考此一山东老人之生前种种，研究其何以有死后之灵魂游荡，更重要于询问安南某婴孩之一切。惜乎近代从事灵魂学者，关于灵魂转世事，多侧重其后一节，却不着重其前一节。

中国人言鬼魂，似乎颇知注重其前一节。如言其人骤死，如冤死、溺死，或自缢死，或突遭强暴死，往往易有鬼魂出现，正命死者则否。推此言之，灵魂转世，亦是一特殊事项。或其人生前自我观太强，故其死后，尚留一番记忆。用中国古语言之，乃是一时魂气未散，偶着婴孩新生之体，遂有灵魂转世之现象。此亦犹如鬼魂出现，纵谓有此事，但只偶然，非常然，不当作过分之解释。

中国人看重生命，更看重群体之大生命。惟群体大生命，即在各别自我之小生命上表现。果无各别自我之小生命，即不见有群体大生命。尤其是历史文化人生，苟无群体大生命，即不能有各别自我之小生命。各别自我之小生命，附着在各别自我之身。群体之大生命，则寄存于家国天下。如一人在家庭中，知孝知弟，必其自我之小生命乃与家庭大生命融凝合一，不见有甚大之分别。家之在国，国之在天下，亦然。其相互间关系，中国人称之曰“礼”。礼字即如体字，只非一身之小体，乃一共通之大体。身之小体有心，此大体亦有心，孔子称此心曰“仁”。孔子曰：“克己复礼为仁。”此即是要把关切各别自我小生命之心扩大转移到共通群体之大生命上去。每一人在家中，不能只顾其自我小己生活，不管一家人生活。若其视一家人生活，亦如秦人之视越人，肥瘠痛痒，漠不关心，其人即是不孝不弟，不仁无礼，一自私自利，只知有自我观，而又自我观过强，成为一不知大体之小人。

曾参乃一孝子。其父杖之，“小杖则受，大杖则走”。在曾子心中，不仅顾及自己，亦顾及其父。其父必有不快于彼，乃持杖击之。若是小杖，于己体不至有大损伤，逃避，将使其父心更不快，故忍痛受了。若其父持大杖，可使己身受重伤，或使其父事后生悔，亦使自己在重伤中不能孝养其父，所以只得逃避不受。可见曾子心中，不仅顾虑到自己，也顾虑到他父亲。父与己，如在一体上考虑。此之曰孝，亦即是仁。孔子曰：“为仁由己。”父亲打他，其事或不仁；但他斟情酌理，走避，或忍受，便没事，却即是归于仁了。可见仁道贵在由己来做。若专要别人做，则父要子孝，子要父慈，相互间成一相争局面，那里犹见有仁？故孔门讲仁道，一面要“克己”，一面要“由己”，全放在己身上。儒家看重自我尊严，应能把小我融入大我中乃有，绝非仅有自我观者所能了解其中之意义。

中国人看重此仁道，亦即是人道，而同时又即是天道。天生人，不生一各别自成之人。换言之，人则绝不能各别自成。如男必配女，夫妇为人伦之始。亚当必与夏娃同时降生。故人伦即是天理。天为至尊，亦必配地。故说“一阴一阳之谓道”。若使有天无地，便也不成道。又说：“乾道成男，坤道成女。乾知大始，坤作成物。”有始不能没有成。《易》卦分阴阳，又分长幼。有了大人，必有小孩。必待有此阴阳长幼之别，乃始成人道，同时亦即是天道。若在人生以前有灵魂，灵魂是否也必分男女？若灵魂亦分男女，亦该有长幼，如是则灵魂界亦宛同于人生界，天堂亦无异于尘世。若使灵魂界更无男女长幼，须待投入尘世乃有，则灵魂界实已屈从于人生界，天堂反而屈从了尘世，这里似又说不通。中国人言人生，则直从天地大自然说起，不须先构想一上帝与灵魂。

但人自有生，往往易造成一自我观。人生亦不能无此一自我观，只不宜太过分。如生必有死，而认为我实未死，仍有一灵魂存在，而且此灵魂又远在我生前，远至我死后，长与天地同在。或自我观太强之人，更易生此种想像，亦易信受他人此种想像。西方社会自我观太强。希腊人越洋经商，抛妻别儿，风涛险恶，异地生疏，全赖自我一人，若向茫茫不可知之前途单枪匹马奋进，乃易于引生一种强烈的自我观。中国自古便成一农业社会，生于斯，长于斯，老于斯，葬于斯，人生与土地结不解缘。春耕夏耘，秋收冬藏，又与天时气候结不解缘。而且夫耕妇馌，子牧牛，女守家，五口百亩，通力合作，融成一生活体。每一人之自我观，不会太强烈。而且深深体会到其小我生命之上自父祖，下传子孙，其家庭、坟墓、宗祠，皆可为之作证。因此不易信受单独一灵魂辗转来往于斯世之想法。

中国人亦言神仙长生不死。但神仙不死，仍从身生命起念。既重身生命，亦不免要从群体大生命中脱出。此较接近庄 老道家出世思想。孔子儒家之生活理想，则彻头彻尾在群体中。孔子曰：“吾非斯人之徒与而谁与？”曾子曰：“任重而道远；仁以为己任，不亦重乎！死而后已，不亦远乎！孟子曰：“天将降大任于斯人也。”任有大小，而总是有一责任存在。人身小生命，乃以其所属之群体大生命为责任。责任既重，死了方卸责。百年的身生命，已觉路途够遥远了，总该有一卸责之时。范仲淹为秀才时，即以天下为己任，“先天下之忧而忧，后天下之乐而乐”。那样的心理习惯，在其生命过程中，长知有家国天下，却像不知有己。己身小生命，只像一担子，担子上挑的，乃是家国天下群体大生命。试问他小生命终结，死了，生前重担放下，傥使死后有知，生前的心智意识尚有存留，他所留恋不忘的，岂不还是那担子，还是那担子上所挑的一切？因此在中国社会上圣人、贤人死了，应没有灵魂转世之事。其他民族所抱的灵魂观，由中国圣贤看来，好像人生重担，只该由他一人挑，只知有己，不知有人，绝不是“克己复礼”之道。

今再说，由宗教讲来，灵魂降世乃是犯了罪来受惩罚。由一般世俗来看，灵魂入世，乃如旅客漫游，相互间既是素不相关，一旦聚首，逢场作戏，各寻一番快乐而止。西方中古世纪后转出文艺复兴，不能说没有这番心理。大都市乃至资本主义由此踵起。寻快乐引起打架，打架后还只是寻快乐。稍可作为警戒的，一面是死后之地狱，一面是生前之法堂。此百年的短暂人生，真觉无意义，意义只在永久长存的灵魂界。但天地生人，却又偏偏不生他成为一完整人，只生他或男或女的成一半面人。于是人生唯一意义，好像只在男女恋爱上。但恋爱、结婚、离婚，亦只是各人自由。自由之上，更无其他道义可言。及其生男育女，又只是另一灵魂转世，与夫妇双方各无关系。所以自我观，即个人主义，会继涨增高，而个人尊严，则反而低落了。个人主义下之个人尊严，亦只是各别尊严他自己，谁也不会来尊严谁。不像中国人讲人伦，父慈子孝，乃是子尊其父，父严其子。两人合挑一担子，你得尊严我，我得尊严你。否则那担子会挑不起。此则是讲道义，不是讲自由。

近代西方，自然科学兴起，生物学、生理学、心理学，都插不进一灵魂观。他们说是上帝迷失了，其实也是灵魂迷失了。但近代西方之灵魂学者，同样以自然科学方法来作研寻。据所报告，似乎不能一概否认灵魂转世之确有其事。但据中国人旧说，仍是一种魂气不散，偶发的现象，亦如冤鬼为厉一般，却可与整个宇宙观、人生观无关。不能只据此等事，便认在人生界以外另有一灵魂界。而在中国人传统的人生理想、人生修养上，则纵使每人生前有此一灵魂，每人死后仍有此一灵魂，亦贵在能消化此灵魂归入人生，来善尽其人生道义。而此生前死后之一灵魂，则宁可置之不问，把它忘了。即如你上台演戏，该一心一意和台上其他角色共同演出一好戏，却不要只想后台。此是人生大艺术，亦是人生大道义。孔子“不语怪力乱神”，又曰“敬鬼神而远之”。既不定要否认，却不表其重视。若套用耶稣的话来说，不如说上帝事由耶稣管，世间人生界一切事，还是由孔子管，比由凯撒管，会好得多。

（原载一九七五年六月四日、五日《中华日报》副刊）

生命的认识

每一人各自最宝贵他的生命。

生命最具体，然亦最抽象。因其最具体，故最易认识。亦因其最抽象，故亦最不易认识。

生命又最多变化，亦于变化中见进步。人类生命，乃生命中之最进步者。然因其最进步，故亦最不易认识。

生命有大小。如草可说是一小生命，树可说是一大生命。树有枝有叶，每一枝叶亦不可不说他是一生命，只是小生命。而树之本身，则可称是一大生命。有时当牺牲小生命来完成大生命。如秋冬来临，树叶凋零，逢春再发，即是牺牲了叶的小生命来完成树的大生命。故一树生命，可达数十年百年以上，而树叶则年必一凋。有时为求树之生长，而修剪其枝条，亦是牺牲小生命来完成大生命。为求树之繁殖，又必开花结果。花谢果落，生命极短，但另一树之新生命，则由是开始。花果亦可说是小生命，为树之大生命而始有其意义与价值。

生命最早何自来，此事尚不为人所知。生命最后于何去，此事亦尚不为人所知。今所可知者，生命乃自生命中来，亦向生命中去。

何以谓生命从生命中来？如树上长枝叶，开花结果，父母生育子女等，其事易知。何以谓生命还向生命中去？其事若不易知。如树叶凋零，为求树身完长。树叶失去其小生命，为护养树身之大生命。故曰生命还向生命中去。人人期求长生不老，但若果如愿，将妨碍了此下的幼小新生。故每一人必老必死，乃为着下面的新生代。故知生命之死亡，乃为生命之继续生长而死亡。换言之，则一切死亡，仍死亡在生命中。

由“身生命”转出“心生命”乃是生命上一绝大变化，绝大进步。

一切禽兽众生，皆已有心的端倪，亦有心的活动，但不能说其有了心生命。惟到人类，始有心生命。但在原始人时期，其心生命亦未成熟。须待人类文化愈进步，其心生命乃益臻成熟，益臻壮旺。

最先，是身生命为主，心生命为副。心只听身的使唤驱遣。但到今天，心生命已转成为主，身生命转退为副。换言之，主要的生命在心不在身。在先，饥饱寒暖是人的生命中最大要事。心的作用，只在谋求身的温饱上见。但至今，则喜怒哀乐，始是人的生命中之最大要事。人生主要，不仅在求温饱，更要在求喜乐。而所喜所乐，亦多不在温饱上。

喜怒哀乐，是心生命。饥饱寒暖，是身生命。饥饱寒暖，仅在身体感觉上有少许分数相差。喜怒哀乐，则在心情反应上有极相悬殊的实质相异。

身生命是狭小的，仅限于各自的七尺之躯。心生命是广大的，如夫妻、父母、子女、兄弟，可以心与心相印，心与心相融，共成一家庭的大生命。推而至于亲戚、朋友、邻里、乡党、社会、国家、天下，可以融成一人类的大生命。此惟心生命有之，身生命即不可能。

身生命极短暂，仅限于各自的百年之寿。心生命可悠久，常存天地间，永生不灭。如尧 舜的心生命，可谓至今四千年常存。孔子的心生命，可谓至今两千五百年常存。存在那里？即存在后世人心里。古人心、后人心，可以相通相印，融合成一心的大生命。

即如歌唱弹奏，亦皆出自人类心生命之一种表演。声音飘浮空中，一逝即去，不可复留。然而由心生命所发，则可永存天壤间。一代大音乐家，他的身生命，随其尸体，长埋地下，腐坏以尽。但他生前一歌一曲，只把来谱下，后人可以依谱再奏。此歌此曲，可以在人间时时复活。古代诗人写下一首诗，收在《诗经》三百首里的，岂不到今已三千年，但依然不断有人在诵这首诗？孔子说的话，记在《论语》里，岂不到今已两千五百年，但依然不断有人在说这许多句话？音乐如此，文学义理更如此。这是人类心生命不朽之明证。

人类的历史文化，便是由人类心生命所造成。禽兽众生，仅有身生命，更无心生命，因此不能有历史文化。原始人乃及现代有些处的野蛮人，没有进入到心生命阶段，亦不能有历史文化形成。

人既在历史文化中生下，亦当在历史文化中死去，其心生命亦当投入历史文化之大生命中而获得其存留。但其间有有名，有无名。有正面的，有反面的。历史文化中正面有名人物之心生命，乃是在心生命中发展到最高阶层而由后人精选出来作为人生最高标榜、最上样品的。我们该仿照此标榜与样品来各自制造各自的心生命。

身生命赋自地天大自然，心生命则全由人类自己创造。故身生命乃在自然物质世界中，而心生命则在文化精神世界中。精神世界固必依存于物质世界，但二者究有别。如音乐歌唱，必依存于喉舌丝竹，喉舌丝竹属于物质世界，必待人类心生命渗入，其出声乃成为音乐。风声水声，只是物质世界中之自然音，伯牙鼓琴，高山流水，虽说是模仿自然音，而注入了伯牙一己之心生命，乃成为人类文化精神世界中之产物。物质世界之自然音，可以时时消失，时时变；但注入了人类之心生命，则不易消失，不易变，而可以永久常存。

近代自然科学，亦是人类心生命所贯注、所寄存。但科学知识，只在物质世界中。科学创造，科学应用，亦仍在物质世界中。此等皆可变，可变则有进步。惟科学家之精神，乃是科学家之心生命之在精神世界中。此项生命与精神，则可常存天地间不变。自哥白尼、牛顿以来，天文学、力学皆已变，皆有进步。新知识产生，旧知识即消失。但牛顿、哥白尼之心生命，其在精神世界中者，可以至今不变、不消失，乃亦无进步可言。今人叙述哥白尼、牛顿天文学、力学之发现，主要乃在由此而见两人之心生命之依然存在。至其发现，则至今已尽人皆知，不烦详述。

有关人类身生命之享受，皆在物质世界中，亦有变，亦可有进步。目前中国人之身生活，较之两千五百年前孔子之身生活，不知变了多少，而进步了多少。孔子时代之物质世界，至今全变了，全消失，全不存在了。孔子的身生命，也已同样消失。但孔子之心生命，则在精神世界中，依然常在，永不消失，并亦不可变，因亦无进步可言。不能谓今天人类的心生命，已较孔子为进步。

今再以树为喻。根埋地下，干枝叶花果伸出空中。没有根，即无干枝叶花果。此如人类没有了身生命，亦将没有心生命。但树生命之主要表现，应在其干枝叶花果之不断伸长与发展。树之根，乃为树生命之基本，但不能即以此代表树生命。水与土，营养了树的根；阳光空气，则营养了树的干枝叶花果。自然科学物质创造亦如地下水土，只营养了人类的身生命。音乐、艺术、文学、哲理、宗教信仰、文字著述，则如空中之阳光空气，营养了人类的心生命。两者各有意义，各有价值，太偏重了一边都不是。

但有时，身生命和心生命会发生正面冲突。中国传统文化，一向能懂得心生命之意义与价值而加以重视。孔 孟遗训，杀身成仁，舍生取义，即是教人要能牺牲身生命来完成护卫其心生命。历史上此等豪杰圣哲，古今不绝书。即举台湾 嘉义 吴凤为例。

吴凤的身生命，早消失了几近两百年。但吴凤的心生命，却永存不朽，常在精神世界中。只要我们有心想接触他，立刻便可接触到。阿里山可以不断开发，不断改观，今天的阿里山，已与两百年前大不同。但吴凤的心生命，则依然是那时的，不坏不变，可以赫然如在我目前，肃然如在我心中。每一人只要能投入此生命精神世界中，自会遇见他存在。这并不是一种宗教信仰，也不需任何科学实验，又不是某种哲学思维与文学描写，这乃是一件具体事实而表现在各人心中的一项生命精神。只要以心会心，自可知之。

军中生活，有时易使心生命活跃胜过身生命。换言之，军中生活，都该由心来支配身，不该由身来支配心。又当使千万个身只在一条心上活动。贵会都是经此训练的人转身来服务社会。历年成绩，亦已昭彰在人耳目。我曾亲身目睹过贵会许多成绩，尤其是花莲 太鲁阁到天祥那一段横贯公路，我幸能在正修工时去参观过两次。使我深深体会到人类心生命之伟大与其幽深之表现。不明白其中意义的人，只认为是人身的劳力发生了作用。但当更透进一层来看到人心之艰苦卓绝与其万众一心之历久不懈、每进益励的那一番心生命精神之在其背后作主，乃使天地为之变色，山川为之改观，风云气象，从奇秘中发光明。此多年来，游人踵至，惊心动魄，莫不嗟叹欣赏此一段伟大工程。但当更透进一层，体会到那是一番人类心生命之活动与努力。

然此尚是具体易见之事。更透进一层，便见台湾开发三四百年来，到处都可想见我们中国人闽粤同胞心生命所寄托之痕迹。更进一层，便知我中华民族国家历史文化之所积累完成者，亦莫非由我中华民族四千年来之心生命之所积累而完成。

心生命必寄存于身生命，身生命必投入于心生命，亦如大生命必寄存于小生命，而小生命亦必投入此大生命。上下古今，千万亿兆人之心，可以会成一大心，而此一大心，仍必寄存表现于每一人之心。中华四千年文化，是中国人一条心的大生命，而至今仍寄存表现在当前吾中国人每一人之心中，只有深浅多少之别而已。若不在此一大心中生活，此人便如复有其生命，只如禽兽众生般，有其狭小短暂之身生命而止。

今天我得机会来此作演讲，亟盼贵会诸君子益能警惕、策励此心，各把每人的个别心会通成一群体之共同心，又能上接古人心，下开后世心，来发荣滋长我中华民族的历史心与文化心。如此，亦使各人的心生命乃得永存不朽于天地间。

（原载一九七五年五月九日、十日《中华日报》副刊。）

人生何处去

人生向何处去，亦可答称：人生必然向死的路上去。生必有死，但人死后又向何处去？此一问题，乃从人生问题转到人死问题，其重要性也决不在人生问题之下。

解答此问题者，可举三说为代表。一佛家说。佛教虽起在印度，但其完成与畅行，则全在中国。佛教言人死当归涅槃，涅槃乃一种虚无寂灭义。一切现象，皆在寂灭中来，亦向寂灭中去。但人生还向寂灭，事有不易。人身由地、水、风、火四大合成，人死则四大皆空。但人生时有作业，此业则不随四大俱去，仍留存有作用，于是佛家乃有“轮回”之说。生前作了业，死后会仍回人世。如是则死生轮回，永无终止，譬之如一大苦海。故人生前，唯当减少作业，俾可逐渐超渡此苦海。先求出家，摆弃父子、兄弟、夫妇种种亲戚关系，又须节缩衣食种种要求，把人生作业尽量减少至最低度。尤须能转换作业，大慈大悲，救苦救难，方便帮助人同出此苦海。如是乃得逐渐回归涅槃。至于消极自杀，如投身悬崖等，亦非正途，因其生前作业仍在，将仍不脱轮回之苦。其次是耶稣教，上帝创世，亚当、夏娃犯罪被谪，降世为人。果能知罪修行，及其死后，灵魂仍可回到天堂。

耶、佛两教双方之宇宙论及人生论各不同。耶教有上帝，有天堂，人生由天堂因犯罪恶堕落入尘世，故耶教对此人生，主张一种“原始罪恶论”。此尘世即是一罪恶聚，必有一末日，受上帝之总清算。佛教则无上帝，无灵魂，只有此作业轮回之苦海。佛教亦有往生极乐世界之说，但此极乐世界，实际即是一净土，一涅槃，一切皆空，应非如耶教之天堂。

佛教入中国，已在东汉后。耶教更后，其流行已在明代之末。中国人在此两宗教传入以前，自己另有一套信仰。此当以儒家教义为主。子路问死，子曰：“未知生，焉知死？”孔子意，要懂得死后，先要懂得生前。生是此人，死亦是此人。若不懂得生前那人，又如何会懂得死后那人。然则人究是什么呢？孟子曰：“仁者人也。”大家总认此六尺之躯之此一个我为人，其实此六尺之躯之此一个我，却并不真实即成为一人。人必在人群中成一人，必在与其他人配搭下始成为一人。如婴孩初生，若无父母养育，亦得其他人养育，否则此婴孩如何得成人？其实，婴孩成人，也只成了一我，还不得真称成一人。自然生人，根本便是不完全的，或是男，或是女，各得一半。必男女相配搭，乃得再生下一代人。故中国人称男女交媾为“人道”。无此道，也即无此人了。慈孝之道，老幼相顾；夫妇之道，男女相悦；此皆是“人道”，亦即是“仁道”。人在仁道中始成人。郑玄说：“仁者，相人偶。”这是说人与人相配搭始成仁，即犹说人与人相配搭始成人。从此义说下，亦可说：人从人中生，亦向人中死。

远在孔子前，鲁国人叔孙豹有“三不朽”之说。若把此六尺之躯认为人，人死了，一堆骨肉，终归腐烂，那有不朽之理。纵使如古埃及人作为木乃伊，好像此六尺之躯依然存在，但此活的人则究已死了。但若深一层看，每一人之生，必生在其他人之心里，如婴孩必生在其父母及其他养育他之人之心里。同样道理，其人之死，亦必死在其他人心里。其实死后无知，在死者自己，或许并不知他自己之死。则每一人心里，在其生前，其实是只有生，没有死；但在其他人心里，则知他死了。换言之，也只是在活人心里知有死，因而为他悲哀，吊祭他，纪念他，还好像他没有死般。岂不他依然仍活在其他人心里。但此亦为时有限。若此种心情能永久维持，其人长在他人心中，此则谓之不朽。

叔孙豹以立德、立功、立言为三不朽。立言不朽，最易明白。如叔孙豹说了三不朽那番话，两千六百年到今天，仍多人在说他那番话，那番话像并不死，则说那番话的叔孙豹，也像并不死，好像叔孙豹仍在说他那番话。立功如大禹治水，若使没有夏禹，洪水泛滥，那时的中国人早全淹灭了。后世的中国人，纪念夏禹，永不忘怀，便像夏禹没有死。立德好像最不关他人事，如大舜之孝，只是孝他自己父母，与其他人无关。但孝心是人类之公心，孝道是人生之大道，自舜以来四千年，中国社会不断出孝子。那些孝子，固亦各孝他们自己父母，好像与舜无关，亦复各不相关，但他们那一番孝心，则大家共同相似，亦都与舜相似。所以在舜生前他那六尺之躯早死了，但舜生前那一颗心，则好像仍活在人间，因此亦谓之不朽。而且较之立功、立言更深入、更直接，因此乃居三不朽中之第一位，最为不朽之模范与标准。

但孔子为何不称述叔孙豹那番话？据今推想，孔子只教人为人则尽人道，且勿管死后。对父母自该孝，若为求立德不朽而孝，那就此心夹杂，有所为而为，不得为纯孝。我只应一心求孝，我自应学舜尽孝道，纵使我不知有舜，我一心纯孝却与舜暗合，但不该为要学舜之不朽才来孝。活一天做人，便该尽一天之人道，且莫管死后，所以说“未知生，焉知死”。人之生前，只是在人群中尽人道，乃始算得是一人。孔子之言人生，主要即在共同此一心，长久此一道，而总名之曰“仁”。至于孝弟忠恕，乃只是此仁心仁道发露之一端。人生即赖此共同之心与长久之道所维持。至于何人能在此人生中死后获不朽，似非孔子所计及。

孔子又说：“有杀身以成仁，无求生以害仁。”活一天做人，便该尽一天人道。若在人道上要我死，我便该死。我之死，亦为尽人道。死亦只是人生中一大道。若使人人不死，下面新人又何从能不绝地生？但在人道中则只该有人有道，不该于人与道之外别有一我。我是个人的，单一个人不得成为人。人道则是共通的。须得有了人始有我，我须得在人中称我。婴孩学语先能称妈，乃能称爸，然后乃能称我。苟若无人，何来有我。只要有此人，使该有此道。亦只因有此道，才始有此人。故我今日为人，便该有道。道应我死，我便该死。可见人之死，乃是为道而死。在自然之道中，人必该有一死。在为人之道中，人有时该自尽，自求死。死亦只是人生中一道。“子绝四：毋意、毋必、毋固、毋我。”若有了我见固执，必欲此，不欲彼，私意既生，自不愿死，死后犹更欲求不朽，岂不仍是一我见？而孔子用心则不在此。故曰：“朝闻道，夕死可矣。”道即指的人生问题，死亦已在内了。死后如何，便可不问，故孔子不谈不朽，亦不讨论人死问题。

但中国 孔子以下之儒家，仍然常称述叔孙豹之言三不朽，此只是退一步言之。只要不妨害到第一义，还可有第二义。孔子言仁，此是人生中第一义。叔孙豹言不朽，则已是第二义以下了。因人在人中生，还向人中死，人死后亦当还在人中。于是乃有所谓鬼神之传说。鬼神有两种，一是人心中之鬼神，一是人心外之鬼神。孔子敬鬼神而远之。孔子亦不定说人死后无鬼神存在，此指人心外之鬼神；只说我敬他便是，此指人心中之鬼神。生前死后，既属两个世界，死后的世界我不知，则我敬他也就不必要近他。而且也与他无可相近。故孔子及儒家只重祭祀。祭祀亦仍只是尽人道。孔子说："祭神如神在，我不与祭，如不祭。"果使祭者之心不在，斯所祭之神亦如不在。必待祭者心在，斯所祭之神亦如在。可见死人之神，还是在活人心中，不朽亦只不朽在活人之心中。孔子曰："甚矣我衰也，久矣我不复梦见周公。"可见当孔子未衰时，周公之人格与其事业，即周公之神，日常活跃呈现在孔子之心中。如此则岂不周公在孔子心中，一如其长在。但到孔子衰了，周公人格在孔子心中之活动也退了。这里便有两边道理。似乎叔孙豹远去向那边说，而孔子则拉近来向这边说。固然亦实是一个道理，亦只是一个事实，但经过叔孙豹说，还得有孔子说；而经了孔子说，则可不再有叔孙豹说，但亦仍不害其有叔孙豹之说。

孔子又说："人能宏道，非道宏人。"若说鬼神即是道，亦可说，人能使鬼神在人间活现，但鬼神实是无法使他自己活现来人间。若如我们今天不信孔子之道，孔子之道也便不能在今天的中国社会中活现。孔子早已死在两千五百年之前，那里还有孔子之神存在？孔子所着重说的只是这一面。但若我们自己心念一转，只在我心上转念到孔子，则孔子之道乃及孔子之神，便如在我目前，亦如在我心中。叔孙豹说的乃是这一面。只要我们懂得了孔子所说，叔孙豹之说，便已包涵在内，说也得，不说也得。

后代的中国人兼信佛教。如说人生争衣争食，争权争利，到头死了一场空。这也未始不是。但既知死后一场空，何不生前不争不夺好好为人？叔孙豹所言之德、功、言，固亦是人生中之业，但不是自私自顾作恶业。能立德、功、言，至少已是诸恶莫作。若果死后有轮回，在六道中，至少亦必向上面轮回，决不至向下面轮回。所以人尽可在家作优婆塞、优婆夷，不必定要背弃父母，抛离妻子，出家为僧为尼。果能信从孔子之生前，岂不与信从释迦之死后，还可两全其美。

更后代的中国人，又兼信了耶教。但信耶教，仍亦可兼信孔子。孔子教人孝弟忠恕，仁义廉耻，修身齐家治国平天下。岂不在其生前，也已尽可能赎了罪？果使有上帝，有灵魂，孔子死后，他的灵魂也会奉召进天国。岂能因孔子在生前未知有耶稣，未信奉耶稣教义，上帝也把孔子灵魂和魔鬼一般罚进地狱；那上帝岂不大褊狭，太自私了！所以在明 清之际的中国人，一面信上帝耶稣，一面仍想保留孔子教孝、祭祀祖先之遗俗。其先为梵蒂冈拒绝，但到今则此争持也渐归平息了。

此刻科学昌隆，天文学、生物学上种种发现，在西方有“上帝迷失”之叹。但在中国，若把孔子儒家所传的心性之学来体会耶稣的十字架精神，岂不反可更直接、更明白，不烦在上帝创世与降生人类的传说上来多寻证据，多作辩护。又如举世在衣食权利上奔竞攘夺，若有某民族、某社会一意信奉佛教，群相出家离俗，为僧为尼，岂不将迅速自取灭亡？也只有如中国 孔子儒家讲求修齐治平大道，先能自求生存，而亦并不背于释迦大慈大悲、救苦救难的那一套出世精神。佛家说："做一天和尚撞一天钟。"又说："我不入地狱，谁入地狱。"在今天，信中国 孔子教义，也正如做和尚撞钟，也正是先进地狱，好救人出地狱。

（原载一九七五年五月九日《联合报》副刊。）

人生之两面

一

人生是一个整体，但为研讨方便起见，不妨将它分成两方面来讲。一是内在的心灵，一是外在的身体。心灵生活亦称精神生活，身体生活亦称物质生活。粗略言之，由大自然物质中酝酿出生命，再由生命中酝酿出心灵。但亦可说，只要有生命的，便有心灵精神。直从下等微生物开始，最少也可说便具有一个求生的意志。稍进一步，便有一种保生的智慧。更进一步，便有一种乐生的情感。此皆是一种心灵精神生活附随于身体物质生活而见。亦可说意志在先，智慧次之，情感最后，此为一切生命心灵作用进展之三阶层。可是生命演进到人类，便见与其他生命大不同。其他生命，都是以物质生活为主，心灵精神只是一种副作用，来帮助其物质生活的。而人类生命，却似反转过来，以心灵精神的生活为主，而物质身体的生活，转成为帮助心灵精神生活的副作用。主役之间地位互易。其他生命，像是以物质生活为目的，心灵生活为手段。人类生命，则以心灵精神生活为目的，而以身体物质生活为手段。我们中国人说“人为万物之灵”，此是说：人也是一物，也是一种生物，只人在生物中特别有灵。这个“灵”字就指的心灵，也可称之为“灵明”或“灵觉”。明与觉，是人类此心最重要的功能和作用。就自然演化言，先有了物质然后才有生命，有了生命然后才有心灵，这是进化程序一步步地如此向前推进。所以在生命中，心灵是最后进化所得，最有价值，又是最有意义的。我们说人的心灵精神生活乃超出于身体物质生活之上，只说的是事实，不是任何人所发的某种高论。

在人类生命中，最伟大的一点成就，就是人类能成群。成群也不只是由人类开始，动物间也已慢慢进展到有群，尤著的如蜂蚁。但人在群体生活中，又有了家庭、社会、国家和民族，这些全不是其他生命以物质生活为主的所有，而是由精神生活中产生。人的生活，又有最重要的一点，就是人对自己生命能够感到快乐。刚才所讲的求生意志，乃及如何保持生命的一些智慧，此是大多数生命所同有。只有一种乐生之情，乃最为人生之特出处。当然理智、情感可相通，但究不是一个。求知识，不一定便是快乐。快乐属于情感方面。多数动物能哭不能笑。小孩子初生堕地，第一声就是哭，要经过一段时期后才会笑。笑是人类所独有，乃在大自然生命演进中一种最宝贵的乐生之情。中国人称“孩童”，“孩”字就指笑。人生普遍理想，应该少哭多笑。人生既以乐生之情为其最高发展，而仍不能免于哀伤悲痛而有哭。此种哀伤悲痛之哭，亦为人生情感中最可珍贵的。动物不会笑，也同样不会如人之哭。换言之，哀与乐是真人生，是人生之真境界。

乐生先要能安生。生命在危险中便不安，当然就不乐。这个乐，不在身体上，不从外面加进去，而乃发自内心。人活着要吃，不吃就不能保持生命，但这是物质人生，属于身体所需要。从动物到人类都如此。要求吃饱，事很简单，但要吃得知味，便转移到情感，转移到心灵人生方面来。《中庸》上说：“人鲜不饮食，鲜能知味。”知味有多少阶层，人与人不同。高级的人，才懂得高级的味。低级的人，只懂得低级的味。同是一碗鸡汤，在不同环境中吃，其味就各不同。鸡汤从外面吃进去，但味则从心灵内部感觉到。有时，一个人吃粗茶淡饭，比别人吃鸡鸭鱼肉还好，这就是味不同。这个“味”字，在人生中牵涉很广，也很深。我们总要自己生活得有味。由此可知，人生主要，应该是高出于物质人生之上的内部人生，应该是心灵的。其他动物，乃是以身体物质生活为目标，以心灵精神生活为手段的一种“心为形役”的低级生命。高级生命则“形为心役”，以身体物质生活为手段，以心灵精神生活为目标。我们定要认清楚，在人类生活中，心的价值意义，远胜过了身的价值意义。我们试看全世界人类，那一个民族的历史文化传统能特别看准了这一点来加以提倡的，则只有我们中国人。我们中华民族的文化，看重心灵人生。这并不如我们今天所说，只是某些人所提倡的一种道德教训，这乃是天地间生命顺序之自然发展。我们中国人只是根据了这个自然实况而来加以发挥而已。

二

其次要讲到物质身体生活与心灵精神生活之不同处。物质身体生活，大家都一样。饿了要吃，冷了要穿，倦了要休息。但从另一面讲，此种人生，乃是个别不相通的。我喝一杯水，与你不相干。吃饭各饱了各自的肚子，你吃饱了，别人并不饱。你穿暖了，别人并不暖。因此，在这些上，就必然会引起人类间相互的争夺。但是精神生活便大不同，这是一体相通的。如今天在座诸位，若大家是来聚餐，该得准备多少吃的东西。但今天是来听一次讲演，一人讲，大家听，这是心与心之相通，是精神的。一人心中话，可说给人人听。但一人手中食，不能拿供人人吃。中国人有句话说：“一人向隅，举座为之不欢。”满堂饮酒，有一人向隅悲泣，则一堂皆为之不乐。这是心灵精神方面的事。人生必到了心灵精神人生，才有这样一个共通的境界。《老子》书里说：“既以为人己愈有，既以与人己愈多。”假使我今天是一个厨司，做菜请大家吃，大家吃饱后走了，菜亦没有了，所以来吃的也必得出钱买。但今天我是来讲演的，将我心中话讲给大家听，不仅诸位听到，我自己也会对我自己话有增添，有生发。这不是我讲给诸位听后，而我自己反而更多了吗？吃的、穿的、住的，一切物质方面的东西，不能把给人。我把给了你，我自己就没有，或者减少。至于心灵精神方面的，给予了人，自己一点也不减少，只有兴起他人心灵上之共鸣。所以老师教学生，定会“教学相长”。歌星唱歌，定要有人听。西方有些电影明星，不愿意拍电影，而愿意在舞台上表演。因为在舞台上表演，下面有观众，心与心当下交感相通，他会感到更快乐。我们人都抱有一种意志，我的意志，得你赞成，我的意志会更坚强。我的智慧也不能老放在脑子里，会枯槁窒塞，要得向人传播，和人讨论，智慧会更发展。这是精神生活。物质生活主要是钞票、珠宝或者是权力。有了权力可以拿到财富，但财富权力都不能给予人；给予了人，自己就没有。这是我们内在的心灵精神人生与外在的身体物质人生所不同之处。

加以物质生活为时甚短。早晨六时进早餐，中午十二时仍得进中餐，下午六时又得进晚餐。饱吃一顿，只能维持一段时间肚子不饿。又且物质生活必是有限的，水喝够了就不要喝，饭吃饱了又不要吃。但过了一段时间，又要喝，又要吃。疲倦了要休息，但睡久了便不能再睡，定要起身。所以这些都是一种有限度的满足，距离一段时间就没有，下面要再来求满足。老是如此重复，吃了还要吃，睡了还要睡。天天这样，年年如此，而也没有多大进步。我们不要认为今天的物质人生是进步，今天我们吃一顿早餐，各色食品可以来自美国、非洲、欧洲或南洋，在以前是帝王所吃不到的，现在平民都可以吃到；但是吃下去了只是一个饱，在饱与饱之间，则并没有进步。颜回“一箪食，一瓢饮，在陋巷，人不堪其忧，回也不改其乐”。诸位在大旅馆住下，在大餐厅里吃一顿，不一定比乡下穷人住茅舍、吃粗饭会快乐些。物质生活只是单调重复，一时容易满足，但却永远不满足。

且不讲吃与穿，再来讲人的整个身体。将来科学更发达，或许可以活到二百岁。但还是要分幼年、青年、壮年、老年。若只延长了老年阶段，多活几十年，天天在家里吃，在床上睡，那又有什么意思？若延长了壮年工作时期，尽工作，尽无休止，尽不满足，又所为何来？人有生老病死，这种物质人生，总是有限度的。精神人生却可永久存在。每一人都能有所回想与记忆。回想幼年、回想父母、回想一切，我们所能回想的，却都是心灵生活方面的。我们想到的是喜怒哀乐，感情方面的多。在那一个场合里，我吃得最开心？我父亲八十大寿，大家都来道贺，这件事永记不忘。在我心灵上，这是快乐的一天。或是有某种悲伤事，也永记不忘，这是在我心灵上最不快乐的一天。天天吃饭穿衣，都能记得吗？这些是记不得的。真的人生，才能留在记忆里。天天吃饭穿衣，有什么好记的呢？也许在某一天吃了泻肚，这会记得，平常吃就记不得。所以吃的人生，实是一番空虚的人生。我们不把它留在记忆里，不再去回想。记得想到，就算有这件事。不记得，不想到，就如没有了这件事。人生固然要一些记不得想不起的饱暖物质的人生，但我们却不该不去看重那些可以记得想起的东西。

世界上各大宗教，尤其如佛教，几可说都要把一切现实人生全不重视、全忘掉，来另外寄情于天堂乐土。这不是一件太容易的事，而且也是一件不必要的事。主要是在宗教精神与现实人生之外另有一个文化精神。教人能追想回忆永不忘的，就如我们中国文化与孔 孟思想所理想的人生。

且从我们文化中来讲我们的文学与艺术，重要精神也在此。中国文学艺术的重要性，主要便在叫人能不忘。即如音乐，也必希望有“余音绕梁，三日不忘”之感。这些都要能深入我们心灵里去，变成了我们生命的一部分，生命之永恒即由此见。孔子在齐国听到《韶》乐，“三月不知肉味”。物质人生，遇到这样的心情下，便全不足道。每一人，逢到喜怒哀乐真激动了此心，都会如此。关于这点，我想不必多讲。只要诸位各自反省，便见是愈想愈明白，愈想愈真实。

也许诸位会说，物质生活是生活的基础，这话并不错。如建造房屋要先打好基础，再在地基上来动工建造。但人只住房屋中，不住在地基上。如我们今天在此讲演，也是在房子里，不在平地基础上。栽一盆花，没有根，当然不成；然须能从根上开花，更要能结果才是。心灵人生乃是后期高级的人生，物质身体人生只是早期低级的人生。中国人并不是不懂得物质人生之重要，只认为心灵人生更重要。在人生大道上，打好基础，就应该开始建造。原始人自有了群体生活，心的需要与物的需要便该轻重倒置，便该有家庭，有社会，有民族，有历史，便该开始跑上精神人生的大道上去。

三

在这里，有两条路。一条是正路，一条是崎路。人有了群，便走上了正路，一切吃的穿的物质生活易解决，不像以前要走崎路。但我们不要说条条大路可以通罗马，尽多路可以走不通。你莫说任何手段都可得快乐，有些南辕北辙，不仅走不通，而且更远了。今天的世界，是一个快乐还是痛苦的世界呢？今天的世界，是一个安定还是危险的世界呢？大家都像过了今天不晓得明天，人生如此般的不安，快乐又在那里呢？无怪大家都感到烦躁苦闷。看一场电影，喝一杯咖啡，到馆子吃一顿小吃，尽排遣也没有用，痛苦暂去又生。但我们真认为人生是该痛苦的吗？该是永远在一个危险不安的状态下向前吗？

我们面前明明摆着几条路，我们也该在这许多条路上有一何去何从之选择。

我试举个例：第一，如说创造与养育。现在只听年轻人讲创造，好像什么东西都要创造，甚至主张要创造新的人生。但从前中国人不多讲创造，而多讲了养育。“创造”是从没有创造出有，如没有杯子，造出杯子。现在的科学，不知道创造了多少新东西新花样。但中国人讲“养”，讲“育”，则是另一条路。一个小孩子，父母生下，已是一人，但不养，又怎办？诸位试想，父母养育孩子成长，真不容易。花草树木，凡有生命皆须养。不管科学如何发达，也造不出一个生命。据说国外已发明了人工射精受孕。但究到何日，人类可以不用人生人？人工射精受孕，距离不用人生人目标尚远。总之科学不能创造生命。如果能，这生命和我们今天的生命将完全是另外一件事。我们人现在的生命，必由父母所生。一胎一个，或两或三，甚至一胎生了五个，全世界报纸都会登载。人不能像造杯子一样，到工厂里去生产，一造就是一千一万。果是这样，人还有什么意义价值？造是造没有生命的，养是养有生命的，两者绝不同。但我们今天只看重“造”，没有看重“养”。这在我们现代人的观念里，可说是一个很严重的缺点。而且造出来的物，本是无生命的，只造来给人用，而其结果反会来支配妨害人。如这讲堂，许多椅子，来听讲的每人坐一张。如将这礼堂作为结婚等别的用途，一切就得重新布置。今天，造出了许多无生命的物来压在我们有生命人的上面，转使人生受支配，受压迫，受妨害。历史上，早已不乏其例。如埃及金字塔、罗马斗兽场，都是人造的大建筑物。但埃及造金字塔，便送掉了埃及民族的生命。罗马造斗兽场，也断送了罗马帝国的生命。这是千真万确的。今天我们又快到这个阶段了。

我且讲一件事，现在掌握全世界人类生命大权的，却像要转到阿拉伯人手里去。他们石油不卖给谁，谁就遭困，全世界都在发生能源问题，变成了石油来支配人。人类文化进步到今天，却使全世界人都进入石油支配之下，难道这就是人生文化的理想与进步吗？这显然是物质在阻碍着人，在支配着人。又如原子弹核子武器，可以毁灭全世界，变成人人都怕。美国、苏俄，是今世界上两个核子大国，但他们也都怕。核子武器究竟到那一天可以决定不用，现在还看不出来。天地间本没有核子武器，由人造来伤害人，到头也会伤害到自己。即如你盖一所房子，太大了，那房子不但会阻碍你的前途，连你的子孙们也会受害。中国古人说“高明之家，鬼瞰其室”，就是这道理。

当我在小孩时，大家都讲教育救国，今天转讲科学救国。中国传统文化最伟大处就是讲教育，“育”就是“养”。“十年树木，百年树人。”栽培树木要等十年，栽培人要等一百年。一百年早已换了三世，那不太远吗？但我们中国人到今已有五十个一百年。五千年的历史，都是养来的，不是造出的。怎么一下子可以造出五千年历史来？今天我们却要一下子来创造我们自己所想像的新中国人，其实却是要把中国人变成西洋人、美国人，把学校全变成工厂，天下那有这般轻易事？造化本是天地功能，中国人也是天地造化所生，又经几千年培养，岂是一天所能改造！工厂固是重要，可以制造东西，但学校更重要，学校功能在养人。东西卖出可以赚钱，但培养人才不是卖出去赚钱的。如我们种一盆花，要施肥，要修剪，要细心培养，慢慢等它开花。我们讲教育，德、智、体、群、美，皆在养育人所既有的心灵和精神和德性方面的，岂可随我意制造。中国人一向看重教育，又岂如美国 杜威所说，教育等于是一张支票，可以到银行里兑现。中国人的教育理想，注重在培养人的心灵精神，养心、养性、养智、养德，中国人在这“养”字方面却讲得很多了。

第二，讲到方法与工夫。有人说，有两句中国话，现已变为世界话。一是“顶好”，二是“工夫”。这两句话，都是外国人学中国话喜欢说的。最近美国拍了一部电影叫“中国工夫”，来宣传中国人的武术。如打太极拳，若论方法，两三个月就会，但要打得好，就要下工夫。现在人总喜欢讲科学方法，常有人向我问读书方法，其实读书更要是肯下工夫。如打太极拳，下了二三十年工夫，自然就好。在二十年前，我看到《梅兰芳舞台生涯五十年》一书。梅兰芳是科班出身，从小学起，待他到上海挂头牌，还不断用心学，他毕生花了五十年的工夫，别人自然就唱不过他。当然也要有方法，但有了方法还要有工夫。科学家在实验室里下工夫，往往几十年不辍。中国人好讲工夫，文学艺术方面不必讲，更要是做人。孔子说：“吾十有五而志于学，三十而立，四十而不惑，五十而知天命，六十而耳顺，七十而从心所欲，不逾矩。”这不是毕生在下工夫吗？大圣人自十五志学开始就懂得自己养自己，今天我们有没有能当心自己的呢？我想一般所当心的，只是外在与身体有关属于物质方面的。最了不得，或许可以做到孔子所说的“三十而立”。可是今天我们中国人却总是立不起来，外国人向东，我们也向东，外国人向西，我们也向西；自己不立，总跟着外国人学样。近百年来我们就从没有自立过。“三十而立”已很难，“四十不惑”就更难。他们有钱有武力，我们没有，好像一切问题就解决不了。“五十而知天命”，那更难。孔子一生学不厌，教不倦，学做人，学自己生活。孔子说：“学而时习之，不亦说乎。有朋自远方来，不亦乐乎。”学与教育有他自己的快乐，却得要有自己的工夫。

诸位也许会说，那是过去农业时代的话，今天已到原子时代。但那就可以不学不教，另来一套方法吗？明代理学家们说：“工夫即本体，本体即工夫。”这是哲学上的话。总之我们中国人很看重工夫。但至少，今天我所接触到的年轻人，只是问方法，没有看重到下工夫。我认为工夫即是生命，要花时间，时间亦即是生命。我告诉诸位，一分钟不用工夫，就是浪费了一分钟时间，也就丧失了一分钟的生命。中国人的一切至要方法就是下工夫。今天外国人看到中国人的武术，遂认识到中国“工夫”二字。我们要知道，向人讨方法易，自己下工夫不易。中国人常讲修养工夫，孔子便是七十年在此工夫上，如何我们不去重视工夫！

第三，是新与旧。今天一般人只喜欢讲新，不喜欢讲旧。新时代、新风气、新思想，甚至要讲新民族和新国家，一切都要新。可是旧的也不是全不好。有的要新，有的要旧。中国人说：“器惟求新，人惟求旧。”朋友要旧，乡里要旧。造出来的东西要新，如新房子，新衣服。但如说要新家庭，父亲不是原来的旧父亲，母亲也不是原来的旧母亲，连兄弟姊妹妻室儿女也都不是我原来那一批旧的，那我定会大哭一场。倘使我活到五、六十岁，父母兄弟姐妹妻室儿女都健在，这不好吗？新朋友总不如旧朋友，新民族也总不如旧民族。中华民族已有五千年历史，现在认为旧了，定要去创造一个新民族，这又是什么道理？我们的生命愈旧愈值钱，青年中年总不如老年，因老年中已包括了青年中年，而且旧生命中有新生命，新生命中不一定有旧生命。天天吃饭，每天要有些新的加进去。读书做学问，也要今天的能和昨天不同。并不是有了旧不要新，但今天我们所讲，则是只要新不要旧。或许我讲话似乎多用了一些力，但我用力讲这里，并没有去反对那边。或许诸位听我讲这边，觉得奇怪，其实也并不奇怪。诸位试去多看几本中国书就知道。中国书里有新，却也有旧，其实外国书也一样。新与旧，两不能废。我们只能在旧的中间来求新。世上最旧的莫过于我们这一个中华民族，今天我们一意求新，要科学方法创造，但旧的终不能去掉。旧家庭、旧社会，不能尽求翻新。旧历史，也不能重写。所以旧的我们也要，我们要能以旧为主，从旧中求新，不能喜新弃旧。

第四，要讲止与进。今天大家异口同声都在讲进步。“止，吾止也；进，吾进也。”“知足不辱，知止不殆。”中国人也非不讲进，但讲进也要能知止。“载飞载止”，要在此止上停得下。只求进，不知止，那不行。一只足止，一只足进。先要站稳，能止，才能进。若要两足一齐进，这只是跳跃。可是跳了一步之后，还要双足落地，站稳了再能跳。出外旅行，下了飞机，首先该去找一个旅馆，不能一天到晚在街上跑，有了旅馆才得安定，有了休息才能再游览。今天我们一切都要讲进步，不进步就是落伍，这是对的。但我要问，进步到那里为止？有没有一个归宿？今天我们人类最大问题是只求进步，不求归宿。没有归宿却最痛苦。如出外跑，从早到晚不回家，天黑了怎办？到馆子里吃顿饭，吃了后又怎办？去看一场电影，电影看完了又怎办？再到街上跑，跑到什么时候止？总得要一个归宿。无归宿，比不进步更痛苦。世界上各大宗教都告诉我们一个归宿，可是这个归宿不在我们活着的时候，而在我们死了之后，始是上天堂，往西方极乐世界。但人在活着时也要有归宿，要如我刚才所讲一足止，一足进，无论跑到那里，随时都可以停下来，随时有个归宿。人生要能这样才能安，才能乐，此始是所谓圆满。中国人所讲的“圆满”，也就是今天所讲的“顶好”。我有一百万家产，你有两百万，我当然不是顶好，可是他又有了三百万，你又不是顶好。人生不能从比较上来论。“大学之道，在明明德，在亲民，在止于至善。”百善孝为先，“为人父止于慈，为人子止于孝。”中国人认为，至善便是人生归宿处。舜的家，可说是一个最不理想的家，但在舜也只有孝，因舜之孝，而舜的家也一切改造了。孝从心发，尽人所能，孝是不讲物质条件的。拿一千元给父母是孝，向父母拿一千元缴学费也并非不孝，孝不孝只在自己心上。“与朋友交止于信”，信也只在心上，没有物质条件。中国人这一套话，到今天已讲了两千多年，我想再过两千多年，这说法还是会存在，还是说得通，行得通。中国人讲一个“止”字，并不妨碍了进步。进步也要不妨碍随时有一个歇脚，这歇脚就是人生一大归宿。佛教说“定”，说“慧”，说“止”，说“观”。如车两轮，如鸟双翼，两个轮可以动，两个翼可以飞。我们千万不该只讲到一偏去。

第五，欲与情。欲是要拿进来，情则要拿出去。我们与父母兄弟姐妹相处，与师友同学交往，懂得要拿出的，便是情，这也是精神生活。吃饭穿衣只讲拿进的，这是物质生活，这是欲。欲无止境，情则有止。如我买一部电视机，认为不好，要去换一部彩色的。买了一辆车，认为不好，要去换一部最新型的。外面变，我也跟着变，此所谓“欲壑难填”。情则可以当下停下不想换。外面尽变，我不变。父母老了，我还是孝。子女长大了，我还是慈。这一人如果多情寡欲，他定是一个快乐人。如果是多欲寡情，最好不和他交朋友。使我今天偶有不乐，且自己反问自己，究是为着情，还是为着欲？欲望有小，有大。如上了月球，还要上火星，这是为了研究物理，但依然是一种欲，却并不是人情，也不是天理。天理不一定要人上月球，从前人类并不曾上月球，却不能说那时人类无天理。我此刻并未上月球，也不能说我此人无天理。灭天理而穷人欲，则是大不应该的。今天全世界人类都在提倡欲望，尤其是许多商家登广告，做宣传，想尽方法要引起你欲望，好把你钱袋里的钱吸收去，要你去买他的东西；但你所买这些东西，却都与你不发生感情。也可说，凡是登广告作宣传，一切哄动你，对你都没有感情。反过来说，我们少一辆汽车，并不就是人生缺点。少了父母、夫妇、兄弟姐妹的欢情，这才是人生最大缺点。这是金钱买不来的。一面是物质人生，另一面是精神人生。

第六，是德与力。“骥不称其力，称其德也。”“王者以德服人，霸者以力服人。”今天世界上，都是心不服，我买你的东西，却并不佩服你。我与你结盟联交，是怕你有原子弹，怕你不卖给我石油，也非为佩服你这一国家。私人之间，也有王道、霸道之别。物质进步，只表现了人之多欲与有力，并不表现了人之多情与有德。若人类尽成为寡情缺德之人，则物质种种进步，终于救不了人类。

四

我今天所讲，似乎有点偏重于讲中国文化。我认为将来的世界，正要中国文化来领导。近代世界，由西方人领导，发生了第一次以及第二次世界大战。是否不再发生第三次，此刻还不能知。他们正靠打仗来领导，不打仗，谁会佩服你领导？今天诸位手边都有一本阳历，年初我在台中的演讲词，与今天所讲有些相同的地方。我认为中国文化可以救世界。其实讲起来也很简单，因为中国文化是农业的文化，西方是商业的文化。农业文化要下工夫，商业文化要讲方法。用什么方法去赚人钱，大学里也开有广告课，怎样登广告才赚钱？农人讲养，一块田，父传子，子传孙，一代一代传下。中国人看重时间，愈久愈好，耕熟田好过垦荒。西方人做生意要跑新码头，所以他们讲新讲进，中国人讲安讲乐。我刚才所讲的许多点，都可说是农村人和城市人的不同。如农村人感情重，都市人欲望重。如此类推，东方文化偏重了人生之这一面，西方文化偏重了人生之那一面。要讲人生，那一面也不能少。但在农业文化里可以产生出商业，在商业文化里却不能产生出农业。农村人心可以救今天的世界，都市人心不能。中国社会分士、农、工、商。士在最前，因为士懂得人生大道，他可以领导社会。但此后中国社会也快没有士了。今天已是只有“公教人员”，都变成了一种职业。若论职业，自不如工商界。今天我们学西方，又一切都要讲民主。其实西方今天的民主，也操在工商资本家手里。如美国今天的选举法，将非变不可。我们社会没有钱，那能学得像美国。我们要把眼光放大放远一点，不要光看人家羡慕，应该回头来看看自己。说外国好，我固赞成。说中国不好，我也赞成。但总也有些好的地方，才能五千年立足于天地间。如说中国都不好，拥有了七亿不好的人，又怎么办？其实中国不好，那会有七亿人口？又那会有五千年历史？一人活了八十九十，定有人来问你养生之道。我们的民族，活了五千年，有了七亿人口，却定要去问人立国之道。青年该比老年人健，但不必也如那老年人寿。

我今天举出了许多点，只说一个人不要太偏向外面。人生有其内部心灵方面的人生，也有意义和价值，至少不比外面物质身体方面的人生意义价值差。前两天我在报纸上看到日本前首相佐藤有一番讲演，他告日本人说：“我们现在要讲道德革命，来革新教育，再这样讲物质文明，下去将会不得了。”他究也是一个东方人，他也读过中国书，所以能这样说话。其实西方也非没有人说这些话。总之，我们不该专向外面看，人生不专在外部，物质人生外还是有心灵人生。心灵人生主要在求安乐。我请问诸位，人生除了求安乐之外，还要求什么?

（一九七三年十月二十八日台北“教育部”社教司文化讲座讲辞，一九七四年二月社教司编文化讲座专集之九，三月《教育与文化》四一三期转载。）

编后记

《灵魂与心》一书为钱穆先生探讨“中国人的宇宙观与人生观”的经典著作。全书共收录十二篇文章，体量虽小，但内容丰富，全面展现了一代国学宗师对于“灵魂与心”这一中国传统哲学问题的深入思考。

如今，中国再度崛起，中华文明也受到了越来越多的关注。关于中国人该如何看待世界、如何认识自我的思考，在当下便显得尤为重要，而这也是新版《灵魂与心》问世的原因。

本书简体中文版由台湾联经出版事业公司授权中南博集天卷文化传媒有限公司独家出版。原书由钱宾四先生全集编辑委员会整理编辑而成，台湾联经出版事业公司印行。本次出版，对原版进行了繁体竖排转简体横排的处理，至于钱穆先生原书的内容，本版均保留原貌。

再现一段中国思想文化的演变轨迹，探寻中华文明的思想基因，希望简体中文版的《灵魂与心》能让更多读者和钱穆先生一道，去追溯我们这个民族的精神之源。